BEI GRIN MACHT SICH IHR WISSEN BEZAHLT

- Wir veröffentlichen Ihre Hausarbeit, Bachelor- und Masterarbeit

- Ihr eigenes eBook und Buch - weltweit in allen wichtigen Shops

- Verdienen Sie an jedem Verkauf

Jetzt bei www.GRIN.com hochladen und kostenlos publizieren

Jörg Weiss

Die Gemeinnützigkeit der Vereine im Steuerrecht

GRIN Verlag

Bibliografische Information der Deutschen Nationalbibliothek:

Die Deutsche Bibliothek verzeichnet diese Publikation in der Deutschen National-
bibliografie; detaillierte bibliografische Daten sind im Internet über http://dnb.d-
nb.de/ abrufbar.

Dieses Werk sowie alle darin enthaltenen einzelnen Beiträge und Abbildungen
sind urheberrechtlich geschützt. Jede Verwertung, die nicht ausdrücklich vom
Urheberrechtsschutz zugelassen ist, bedarf der vorherigen Zustimmung des Verla-
ges. Das gilt insbesondere für Vervielfältigungen, Bearbeitungen, Übersetzungen,
Mikroverfilmungen, Auswertungen durch Datenbanken und für die Einspeicherung
und Verarbeitung in elektronische Systeme. Alle Rechte, auch die des auszugsweisen
Nachdrucks, der fotomechanischen Wiedergabe (einschließlich Mikrokopie) sowie
der Auswertung durch Datenbanken oder ähnliche Einrichtungen, vorbehalten.

Impressum:

Copyright © 2005 GRIN Verlag GmbH
Druck und Bindung: Books on Demand GmbH, Norderstedt Germany
ISBN: 978-3-638-75051-6

Dieses Buch bei GRIN:

http://www.grin.com/de/e-book/45082/die-gemeinnuetzigkeit-der-vereine-im-steuerrecht

GRIN - Your knowledge has value

Der GRIN Verlag publiziert seit 1998 wissenschaftliche Arbeiten von Studenten, Hochschullehrern und anderen Akademikern als eBook und gedrucktes Buch. Die Verlagswebsite www.grin.com ist die ideale Plattform zur Veröffentlichung von Hausarbeiten, Abschlussarbeiten, wissenschaftlichen Aufsätzen, Dissertationen und Fachbüchern.

Besuchen Sie uns im Internet:

http://www.grin.com/

http://www.facebook.com/grincom

http://www.twitter.com/grin_com

Die Gemeinnützigkeit der Vereine im Steuerrecht

Diplomarbeit

im
Ausbildungsbereich Wirtschaft
Fachrichtung Steuern und Prüfungswesen

der
BERUFSAKADEMIE
VILLINGEN – SCHWENNINGEN

Bearbeiter: Jörg Weiss

Inhaltsverzeichnis

Seite

Abkürzungsverzeichnis III

1 Einführung 1
   1.1 Die Rechtfertigung der Themenstellung 1
   1.2 Ziel und Verlauf der Arbeit 1

2 Allgemeines zum Verein 2
   2.1 Der Begriff des Vereins 2
   2.2 Die Abgrenzung des Vereins von den Gesellschaften 2
   2.3 Mögliche Vereinstypen 4
      2.3.1 Der eingetragene Verein vs. der nicht eingetragene Verein 4
      2.3.2 Der wirtschaftliche Verein vs. der nichtwirtschaftliche Verein 6
         2.3.2.1 Der Vereinszweck 6
         2.3.2.2 Das Nebenzweckprivileg 7
   2.4 Ausgewählte und besondere Erscheinungsformen des Vereins 8
      2.4.1 Der Verband 8
      2.4.3 Die Partei 9
      2.4.4 Religions- und Weltanschauungsgemeinschaften 10

3 Gemeinnützigkeit im Steuerrecht 11
   3.1 Die Situation der gemeinnützigen Körperschaften 11
      3.1.1 Geschichtlicher Abriss 11
      3.1.2 Rechtfertigung der Gemeinnützigkeit 12
      3.1.3 Folgen aus der Gemeinnützigkeit 13
         3.1.3.1 Die Vorteile 13
         3.1.3.2 Die Nachteile 14
      3.1.4 Die wirtschaftliche Bedeutung 15
   3.2 Begünstigte Organisationen 15
   3.3 Gemeinnützige Zwecke 16
   3.4 Die Voraussetzungen der Gemeinnützigkeit 16
      3.4.1 Allgemeinheit 16
      3.4.2 Selbstlosigkeit 19
         3.4.2.1 Grundsätzliches zur Selbstlosigkeit 19
         3.4.2.2 Ausgesuchte Einzelfälle 24
         3.4.2.3 Die Mittelverwendung 26
         3.4.2.4 Die Anteile und Einlagen 30
         3.4.2.5 Die Ausgaben und Vergütungen 31
         3.4.2.6 Die Vermögensbindung 32
      3.4.3 Ausschließlichkeit 33
      3.4.4 Unmittelbarkeit 36
         3.4.4.1 Grundsatz 36
         3.4.4.2 Die Hilfspersonen 37
         3.4.4.3 Die Dachverbände 39

3.4.4.4 Einzelfälle 40
3.5 Die An- und Aberkennung der Gemeinnützigkeit 41
   3.5.1 Die Anerkennung 41
   3.5.2 Die Aberkennung 42

4 Schlussbetrachtung 43

Anhang I: ABC gemeinnütziger Zwecke und Einrichtungen 45

Verwaltungsanweisungen 48

Rechtsprechungsverzeichnis 49

Literaturverzeichnis 53

Abkürzungsverzeichnis

Abb.	Abbildung
Abs.	Absatz
AEAO	Anwendungserlass zur AO
aF	alte Fassung
Anm.	Anmerkung
AO	Abgabenordnung
Art.	Artikel
Aufl.	Auflage
BayObLG	Bayerisches Oberstes Landesgericht
BB	Betriebs – Berater (Zeitschrift)
Bd.	Band
BewG	Bewertungsgesetz
BFH	Bundesfinanzhof
BFH/NV	Sammlung amtlich nicht veröffentlichter Entscheidungen des BFH (Zeitschriften)
BGB	Bürgerliches Gesetzbuch
BGBl.	Bundesgesetzblatt
BMF	Bundesministerium für Finanzen
BStBl.	Bundessteuerblatt (Zeitschrift)
BVerwG	Bundesverwaltungsgericht
bzw.	beziehungsweise
d.h.	das heißt
DB	Der Betrieb (Zeitschrift)

DStZ	Deutsche Steuerzeitung (Zeitschrift)
EFG	Entscheidung der Finanzgerichte (Zeitschrift)
e. G.	eingetragene Genossenschaft
EGBGB	Einführungsgesetz zum Bürgerlichen Gesetzbuch
EStDV	Einkommensteuer - Durchführungsverordnung
EStG	Einkommensteuergesetz
EStR	Einkommensteuer - Richtlinien
f.	folgende
ff.	fort folgende
FG	Finanzgericht
FM	Finanzministerium
FR	Finanz – Rundschau (Zeitschrift)
GbR	Gesellschaft bürgerlichen Rechts
gem.	gemäß
GemVO	Gemeinnützigkeitsverordnung
GewStG	Gewerbesteuergesetz
GG	Grundgesetz
GmbH	Gesellschaft mit beschränkter Haftung
HGB	Handelsgesetzbuch
Hrsg.	Herausgeber
i.S.	im Sinne
i.S.d.	in Sinne des
i.V.m.	in Verbindung mit
JW	Juristische Wochenschrift (Zeitschrift)
Kap.	Kapitel
KapGes	Kapitalgesellschaft(en)

KG	Kammergericht
KÖSDI	Kölner Steuerdialog (Zeitschrift)
KStG	Körperschaftsteuergesetz
lt.	laut
NJW	Neue Juristische Wochenschrift (Zeitschrift)
Nr.	Nummer
o.V.	ohne Verfasser
OFD	Oberfinanzdirektion
OHG	Offene Handelsgesellschaft
PartG	Parteiengesetz
RFH	Reichsfinanzhof
RGBl.	Reichsgesetzblatt
RGZ	Amtliche Sammlung von Entscheidungen des Reichsgerichts in Zivilsachen
rkr.	rechtskräftig
Rn.	Randnummer
Rpfleger	Der Deutsche Rechtspfleger (Zeitschrift)
RStBl.	Reichssteuerblatt
Rz.	Randziffer
S.	Seite
sog.	so genannte(r/s)
StAnpG	Steueranpassungsgesetz
StEK	Steuererlasse in Karteiform
StuW	Steuer und Wirtschaft (Zeitschrift)
StWa	Steuerwarte (Zeitschrift)
Tz.	Textziffer

u.a.	unter anderem
UStG	Umsatzsteuergesetz
usw.	und so weiter
v.	vom
vgl.	vergleiche
vs.	versus
WRV	Weimarer Reichsverfassung
z.B.	zum Beispiel

1 Einführung

1.1 Die Rechtfertigung der Themenstellung

Ehrenamtlich in Vereinen oder deren Vorständen tätigen Vereinsmitgliedern fehlt es häufig an steuerrechtlichem Wissen, Erfahrungen und Routine in der Praxis. Sehr oft wird aufgrund eines hohen Maßes an Vorsicht oder einer begründeten Unsicherheit im Hinblick auf das Fehlen von Grundlagenwissen, eine Ungewissheit entfacht. Die daraus entstehende Angst der übervorsichtigen Vereinsmanager oder Kassenwarte, steuerliche Vorschriften zu missachten oder dem Verein Schaden zuzufügen, beschränkt häufig die Vereinstätigkeit so stark, dass sich das Vereinsleben auf ein Mindestmaß an Aktivität zur Erfüllung der satzungsgemäßen Zwecke zurückschraubt.

Andererseits sitzen in der Praxis aber auch vermeintliche ‚Steuerexperten' in den Vereinsvorständen, welchen die Relevanz der Gemeinnützigkeit und die für den Verein schwerwiegenden Folgen der Aberkennung dieses Privilegs sowie der damit verbundenen steuerlichen Vergünstigungen nicht bewusst ist.

Aufgrund dieser Tatsachen soll das Thema bzw. die Lösung dieses Problems ein integraler Bestandteil der Abhandlung. Es besteht die Möglichkeit der Bekämpfung von Ungewissheiten, Ängsten und Unsicherheiten, aber auch der Eindämmung der Unterschätzung der steuerlichen Auswirkungen sowie der überbewerteten Sicherheit hinsichtlich der Gemeinnützigkeit.

1.2 Ziel und Verlauf der Arbeit

Die Intention dieser Arbeit ist es dem Leser Impulse zur steuerlichen Behandlung gemeinnütziger Vereine und den Voraussetzungen der Gemeinnützigkeit an die Hand zu geben.

Im Zweiten Kapitel sind praxisrelevante zivilrechtliche Vorbemerkungen zum Verein festgehalten, welche sich von der Einordnung und Abgrenzung der Vereine bis hin zur Gemeinnützigkeit erstrecken. Im anschließenden Dritten Abschnitt wird auf die Gemeinnützigkeit im Vereinsrecht als Schwerpunkt der Arbeit näher eingegangen. Die Arbeit wird mit der Schlussbetrachtung abgerundet.

2 Allgemeines zum Verein

2.1 Der Begriff des Vereins

Das Bürgerliche Gesetzbuch beinhaltet keine Definition des Begriffs Verein[1], jedoch sind nach herrschender Meinung zwei grundlegende Merkmale vereinstypisch.

Zunächst beruht der Verein auf einer körperschaftlichen Verfassung, was sich durch das Vorhandensein von Organen, einer Satzung, der Führung eines Gesamtnamens in einem einheitlichen Ganzen nach innen und außen widerspiegelt. Nicht zuletzt zeichnet sich der Verein durch die Unabhängigkeit von einzelnen Mitgliedern aus[2]. Ferner dient der körperschaftlich organisierte Zusammenschluss von Personen der Verfolgung eines gemeinschaftlichen Ziels. Der Zusammenschluss wird durch einen Vorstand vertreten, wobei sich die Beschlussfassung der Angehörigen des Vereins grundsätzlich nach der Stimmenmehrheit richtet[3]. Nach Artikel 9 Abs. 1 des Grundgesetzes wird allen Deutschen das Recht gewährt Vereine und Gesellschaften zu bilden. Diese Vereinsfreiheit wird nur durch das Verbot der Gründung von Vereinigungen beschränkt, deren Zweck oder Tätigkeit den Strafgesetzen zuwiderläuft, verfassungswidrig ist oder dem Gedanken der Völkerverständigung entgegensteht[4]. Weiterführende Regelungen ergeben sich aus dem Vereinsgesetz sowie den §§ 21 ff. des Bürgerlichen Gesetzbuches.

In der Literatur und im Gesetz wird häufig der Begriff des Vereins als bekannt vorausgesetzt.[5]

2.2 Die Abgrenzung des Vereins von den Gesellschaften

Rein rechtlich betrachtet sind die Möglichkeiten des Zusammenschlusses von Bürgern zu Vereinigungen vielseitig. Ist der Zweck der Vereinigung im Hinblick auf die Gesellschaft mehr auf die beteiligten Personen gerichtet, so ist gesetzlich eine Personengesellschaft damit verbunden. Im Fall der Verselbständigung der Gemeinschaft ist der Verein die naheliegendste Form den unter bereits beschriebenen Voraussetzungen des Punktes 2.1[6]. Die Schwierigkeit der Abgrenzung zwischen Vereinen und Gesellschaften liegt in der Notwen-

---

[1] Vgl. Sauter/Schweyer/Waldner, Der eingetragene Verein, S. 1
[2] Vgl. Reichert, Handbuch des Vereins- und Verbandswesens, Rn. 1ff.
[3] Vgl. Wallenhorst in Troll/Wallenhorst/Halaczinsky, Die Besteuerung gemeinnütziger Vereine, Stiftungen und der juristischen Personen des öffentlichen Rechts, Kap. A Rz.1
[4] Vgl. Wallenhorst in Troll/Wallenhorst/Halaczinsky, Die Besteuerung gemeinnütziger Vereine, Stiftungen und der juristischen Personen des öffentlichen Rechts, Kap. A Rz.2
[5] Vgl. Rotthege, Firmen und Vereine, S. 194
[6] Vgl. DATEV, Abrechnung der Vereine, S. 8

digkeit der wiederkehrenden Prüfung von nichtrechtsfähigen Vereinen[7] in verschiedenen Fällen. Diese Schwierigkeit besteht im Recht der rechtsfähigen Vereine nicht. Der rechtsfähige Verein ist seiner Struktur nach eine Körperschaft und im Hinblick auf seine Rechtssubjektivität eine juristische Person[8].

Eine Personenvereinigung ist entweder eine Körperschaft wie der Verein oder eine Gesellschaft, was bei Regelungslücken von besonderer Bedeutung ist, denn danach richtet sich die Anwendung des Gesellschaftsrechts oder des Vereinsrechts des Bürgerlichen Gesetzbuches[9]. Schmidt spricht von einem ‚Unbehagen der Abgrenzung zwischen Vereinen und Gesellschaften'[10] und stellt eine Diskrepanz zwischen einer gesuchten begrifflichen und einer tatsächlich vorhandenen typologischen Unterscheidung fest, während bei Hueck/Windbichler[11] die Unterscheidung vor allem in der mitgliedschaftlichen Bindung und der organisatorischen Struktur zu sehen ist. Schmidt verfährt nach drei Abgrenzungsmerkmalen, wobei das Erste auf dem Rechtsformzwang beruht und die anderen beiden an typologische Merkmale anknüpfen[12]. Ein von einem auf Dauer angelegten nicht rechtsfähigen Verband betriebenes Unternehmen führt zum Vorliegen einer Gesellschaft, nicht eines Vereins. Lediglich im Rahmen des Nebenzweckprivilegs[13] können Ausnahmen in Betracht kommen. Die zweite Abgrenzungsregel wird von der körperschaftlichen Organisation im Hinblick auf eine große Mitgliederzahl, eine vereinsmäßige Satzung, eine Fremdorganisation, die Mehrheitsentscheidung in der Mitgliedsversammlung, freier Eintritt und Austritt sowie das Auftreten unter einem Vereinsnamen umspannt. Im Zweifel nicht eindeutig zu entscheidende Fälle werden von der dritten Regel eingeschlossen und umfassen die so genannten Mischformen der Organisationen, welche im Raum zwischen den Vereinen und Gesellschaften liegen. Solche Fälle müssen individuell entschieden werden[14].

Auf das gegenwärtige Vereinsrecht wird im Fall von Regelungslücken im Hinblick auf fehlende Rechtsgrundsätze für Kapitalgesellschaften und Genossenschaften zurückgegriffen. Bspw. wird einer Gesellschaft mit beschränkter Haftung ein Notgeschäftsführer gemäß

---

[7] Vgl. Märkle, Der Verein im Zivil- und Steuerrecht, S. 24
[8] Vgl. Schmidt, Gesellschaftrecht, S. 721
[9] Vgl. Hueck/Windbichler, Gesellschaftsrecht, § 2/10.
[10] Vgl. Schmidt, Gesellschaftsrecht, S. 740 ff.
[11] Vgl. Hueck/Windbichler, Gesellschaftsrecht, § 2/11
[12] Vgl. Schmidt, Gesellschaftsrecht, S. 741 ff.
[13] Vgl. Abschnitt 2.3.2.2
[14] Vgl. Schmidt, Gesellschaftsrecht, S. 742 ff.

§ 29 Bürgerliches Gesetzbuch bestellt. Die im § 31 Bürgerliches Gesetzbuch geregelte Haftung des Vereins für seine Organe gilt ebenfalls für Aktiengesellschaften und Gesellschaften mit beschränkter Haftung[15].

2.3 Mögliche Vereinstypen

2.3.1 Der eingetragene Verein vs. der nicht eingetragene Verein

Anhand des Übergangs vom Vorverein zum rechtsfähigen Verein soll beispielhaft die Abgrenzung erläutert werden. Bei diesem Wechsel existieren zwei grundlegende Theorien. Zum einen die Identitätstheorie, welche die beiden Gesellschaften als identisch ansieht und den Vorverein als Durchgangsstation deklariert, welcher sowohl seine körperschaftliche Organisation, seine Zielsetzung hinsichtlich des Vereinszwecks, seinen Mitgliederbestand, sein Vermögen und seine Organe auf den rechtsfähigen Verein überträgt[16]. Identitätshindernd sind somit Änderungen hinsichtlich der Satzung, des Mitgliederbestands[17] oder der Zielsetzung des Vereins. Zum anderen dient die im GmbH – Recht vordringende Kontinuitätstheorie, welche vom Untergang der Vorgesellschaft durch die Entstehung der juristischen Person ausgeht. Der eingetragene Verein tritt als Gesamtrechtsnachfolger für die Rechte und Pflichten der Vorgesellschaft ein. Somit ist eine Änderung der Satzung oder des Mitgliederbestands nicht kontinuitätshindernd[18].

Die Rechtsfähigkeit wird durch die Eintragung in das zuständige Vereinsregister bewirkt, wobei für die Eintragung folgende Voraussetzungen erfüllt sein müssen. Zunächst muss der Verein bereits gegründet sein. Eine weitere Voraussetzung liegt im Bestehen einer Satzung, in welcher Mindestinhalte enthalten sein müssen[19]. Der in der Satzung enthaltene Vereinszweck darf nicht gegen gesetzliche Verbote verstoßen und somit illegal sein. Nicht zuletzt muss die Eintragung, welche zur Rechtsfähigkeit führt, angemeldet werden. Die Vereinstypen unterscheiden sich lediglich durch die vorhandene Rechtspersönlichkeit, welche durch die Eintragung hergestellt wird[20].

Um die Verwirklichung des satzungsmäßig festgelegten Ziels zu unterstützen und sicherzustellen, ist es für den Verein unerlässlich, seinen Vermögensbereich abgeschirmt und

---

[15] Vgl. Hachenburg/Ulmer, Kommentar zum Gesetz betreffend die Gesellschaften mit beschränkter Haftung, Rn. 64; Reichert, Handbuch des Vereins- und Verbandsrechts, Rn. 23
[16] Vgl. Reichert, Handbuch des Vereins- und Verbandsrechts, Rn. 233 f.
[17] Vgl. KG, JW (Zeitschrift) 1931, 545
[18] Vgl. Reichert, Handbuch des Vereins- und Verbandsrechts, Rn. 235
[19] Vgl. Sauter, Der eingetragene Verein, Rn. 32 - 154
[20] Vgl. Märkle, Der Verein im Zivil- und Steuerrecht, S. 28

unabhängig von Gläubigern und Vereinsmitgliedern zu erhalten[21]. Rechtsfähigkeit bedeutet für den eingetragenen Verein, Träger von Rechten und Pflichten zu sein, insbesondere die Grundbuchfähigkeit, die Parteifähigkeit in Prozessen und die Vermögensfähigkeit. Der eingetragene Verein hat auch das Recht auf einen eigenen Namen, sowie das Recht Verbindlichkeiten eingehen zu können. Er kann Gesellschafter, Aktionär, Mitglied oder Kommanditist der entsprechenden Gesellschaften werden und ist nach Art. 19 Abs. 3 Grundgesetz Träger der Grundrechte. Darüber hinaus trägt der rechtsfähige Verein keine strafrechtliche Verantwortung, ist nicht rechtsfähig im Hinblick auf das Familienrecht und das Recht der Wohnsitzbegründung, jedoch trifft auf ihn das allgemeine Persönlichkeitsrecht zu. Demgegenüber ist der eingetragene Verein Steuersubjekt. Die Rechtsfähigkeit kann der Verein durch Eintragung oder staatliche Verleihung erlangen[22]. Rechtssoziologisch besteht kein Unterschied, jedoch unterwirft der Gesetzgeber die nichtrechtsfähigen Vereine dem Gesellschaftsrecht des Bürgerlichen Gesetzbuches, währenddem die eingetragenen Vereine den Regeln des rechtsfähigen Vereins untergeordnet sind. Nach Märkle ist dieser Rechtszustand unbefriedigend und wird dem nichtrechtsfähigen Verein nicht gerecht. Die Praxis hat sich unter solchen Umständen bisher damit geholfen, dass sie die nicht passenden Bestimmungen ausdrücklich wegbedungen oder als stillschweigend wegbedungen angesehen und auf diese Weise Rechtswirkung erzielt hat[23]. Demgegenüber behandelt das Steuerrecht beide Personenzusammenschlüsse gleich, was im Begriff der Gemeinnützigkeit zum Ausdruck kommt. Die summenmäßig den eingetragenen Vereinen überlegen nichtrechtsfähigen Vereine setzen sich im Wesentlichen aus denen zusammen, welche die Rechtsfähigkeit nicht anstreben, diejenigen, die aufgrund mangelnder Voraussetzungen nicht rechtsfähig sein können und solchen, die einst rechtsfähig waren. Zu den nichtrechtsfähigen Vereinen gehören u.a. die Gewerkschaften, die Berufsverbände und politische Parteien[24].

Die Vorschriften des § 54 Satz 1 Bürgerliches Gesetzbuch werden von Rotthege als verfehlt verstanden, da der nichtrechtsfähige Verein ebenso wie der rechtsfähige Verein kör-

---

[21] Vgl. Sauter, Der eingetragene Verein, Rn. 1; Reichert, Handbuch des Vereins- und Verbandsrechts, Rn. 233 ff.
[22] Vgl. Sauter, Der eingetragene Verein, Rn. 1 f.
[23] Vgl. Märkle, Der Verein im Zivil- und Steuerrecht, S. 24
[24] Vgl. Märkle, Der Verein im Zivil- und Steuerrecht, S. 24 f.

perschaftlich organisiert ist und sich dadurch eindeutig von der Personengesellschaft unterscheidet[25].

2.3.2 Der wirtschaftliche Verein vs. der nichtwirtschaftliche Verein

Wirtschaftliche Vereine betätigen sich gemäß ihrer Satzung vorwiegend entgeltlich nach Außen, wodurch sie den satzungsmäßigen Zweck zu erreichen versuchen[26]. Wird der ideale Hauptzweck nur durch die Verfolgung eines Geschäftsbetriebs erreicht oder ist der Selbstzweck des Vereins nicht seine geschäftsmäßige wirtschaftliche Tätigkeit oder wird durch den Verein kein wirtschaftlicher Vorteil für den Verein oder seine Mitglieder erzielt, kann nicht von einem wirtschaftlichen Verein gesprochen werden[27]. Der Idealverein strebt somit gemäß seiner Satzung ein nicht wirtschaftliches Ziel an, beispielsweise Vereine ohne Geschäftsbetrieb oder Vereine, welche einen wirtschaftlichen Geschäftsbetrieb zur Erfüllung eines Nebenzwecks oder des Hauptzwecks unterhalten[28].

2.3.2.1 Der Vereinszweck

Zur Erlangung der Rechtsfähigkeit ist dem wirtschaftlichen sowie dem Idealverein gemein, den Vereinszweck in der Satzung festzuhalten. Diese Angabe wird als oberster Leitsatz oder auch als Lebensgesetz des Vereins angesehen, welche ohne die Zustimmung aller Mitglieder nicht geändert werden kann. Der Vereinszweck besitzt somit eine fundamentale Bedeutung für das Vereinsleben und kennzeichnet das Wesen sowie die Individualität des Vereins[29]. Durch den Zweck werden Grundlagen des Vereins aber auch dessen Grenzen manifestiert. Dem Vereinszweck entgegenstehende Beschlüsse seiner Organe sind als unwirksam anzusehen[30]. Die Rechte der Mitglieder, aber auch deren Pflichten, hängen maßgebend vom Vereinszweck ab, von welchem jedoch diejenigen Mittel zu unterscheiden sind, welche zur Erreichung des Zwecks dienen. Diese, die Vereinstätigkeit umschreibenden Mittel, sind mit dem Unternehmensgegenstand der Kapitalgesellschaften gleichzusetzen und werden in der Satzung häufig als Aufgaben bezeichnet. Die Abgrenzung dieser Begriffe ist bei der Verifizierung der Einordnung eines Vereins in die wirtschaftliche oder nichtwirtschaftliche Betätigung notwendig. Hierbei kommt es sowohl auf den satzungsmä-

---

[25] Vgl. Rotthege, Firmen und Vereine, S. 210
[26] Vgl. RGZ 154, 343
[27] Eyles, NJW 1996, S. 1994 ff.; Schad, Rpfleger 1998, S. 185 f.; Reichert, Handbuch des Vereins- und Verbandsrechts, Rn. 27 ff.
[28] Vgl. Märkle, Der Verein im Zivil- und Steuerrecht, S. 23
[29] Vgl. RGZ 119, 184
[30] Vgl. Sauter, Der eingetragene Verein, Rn. 42

ßigen Zweck eines Vereins als auch auf die Vereinstätigkeit an. Ein nichtwirtschaftlicher Verein muss, abhängig von seiner Einordnung in entsprechende Vereinsklassen gem. den §§ 21, 22 Bürgerliches Gesetzbuch, einen „idealen" Zweck wählen, was aber nach Ansicht von Reichert auch zur Verschleierung der wirtschaftlichen Betätigung ausgenutzt werden kann[31]. Die Zuordnung in eine der beiden Klassen wird nach der allgemeinen Rechtsprechung auf Grundlage der von Karsten Schmidt entwickelten Thesen vorgenommen. Insbesondere der Begriff „vereinsmäßig strukturierte Mitunternehmerschaft" prägt diese Thesen, wonach die Eintragungsfähigkeit eines Vereins weniger von der Zielsetzung in der Satzung abhängt, sondern von der Betätigung des Vereins im Rahmen eines wirtschaftlichen Geschäftsbetriebs und dem daraus resultierenden Verhältnis der wirtschaftlichen zur nichtwirtschaftlichen Leistung[32]. Um eine Verschleierung der wahren unternehmerischen Betätigung des Vereins durch die Angabe mehrerer ideeller Vereinszwecke zu vermeiden, kann der nach § 21 Bürgerliches Gesetzbuch bezeichnete Zweck nur der Gegenstand der Vereinstätigkeit sein[33]. Bei Nichtangabe des Vereinszwecks muss die Anmeldung zum Vereinsregister gemäß § 60 Abs. 1 Bürgerliches Gesetzbuch in Verbindung mit § 57 Abs. 1 Bürgerliches Gesetzbuch zurückgewiesen werden[34].

Die Differenzierung ist auf das Vorhandensein eines wirtschaftlichen Geschäftsbetriebs abzustellen, weniger auf den ideellen oder wirtschaftlichen Zweck des Vereins[35].

2.3.2.2 Das Nebenzweckprivileg

Jedoch ist an dieser Stelle fraglich, inwieweit der wirtschaftliche Geschäftsbetrieb nur zur Erfüllung eines Nebenzweckes unterhalten wird. Die tolerante Vernachlässigung des Grundsatzes, jede unternehmerische Tätigkeit als wirtschaftliche Betätigung einzustufen, verlangt gewisse Voraussetzungen[36]. Die unternehmerische Tätigkeit muss im Gegensatz zur ideellen Betätigung eine untergeordnete Rolle spielen, so dass das Nebenzweckprivileg – auch als Nebentätigkeitsprivileg bezeichnet – eine Eintragung eines nichtwirtschaftlichen Vereins in das Vereinsregister ermöglichen kann. Neben dieser Voraussetzung muss die unternehmerische Tätigkeit die ideelle Tätigkeit ergänzen, wobei die unternehmerische

---

[31] Vgl. Reichert, Handbuch des Vereins- und Verbandsrechts, Rn. 100, 399 ff.
[32] Vgl. Sauter, Der eingetragene Verein, Rn. 42
[33] Vgl. Reichert, Handbuch des Vereins- und Verbandsrechts, Rn. 100
[34] Vgl. Sauter, Der eingetragene Verein, Rn. 42
[35] Vgl. BayObLG, Rpfleger 1977, 20; OLG Oldenburg, Rpfleger 1976, 12; BayObLG, Rpfleger 1978, 249; OLG Düsseldorf, Rpfleger 1979, 269; BayObLG, Rpfleger 1985, 495
[36] Vgl. Reichert, Handbuch des Vereins- und Verbandsrechts, Rn. 132 ff.

Tätigkeit ein noch objektives und sinnvolles Mittel der Förderung des Vereinszwecks sein sollte. Angesichts der Betätigung von Sportvereinen, insbesondere Fußballvereinen, durch Spielertransfers, Ablösesummen, Werbeverträge sowie den Umsätzen durch den Verkauf von Fanartikeln, besteht die Notwendigkeit eines strengen Maßstabs im Hinblick auf die Prüfung sowie Einhaltung obiger Voraussetzungen. Jedoch wird in Anlehnung an das Steuerrecht, welches die Förderung bezahlten und unbezahlten Sports in gleichem Maß für die Gemeinnützigkeit unschädlich sieht, die Zweifelhaftigkeit des greifenden Nebentätigkeitsprivilegs ausgeräumt. Somit wird eine gewisse Willkür anderen Vereinen gegenüber erzeugt, bei denen sich in ähnlicher Weise ideelle und wirtschaftliche Zielsetzungen verneinen[37].

Ein gemäß § 1 HGB als Kaufmann agierendes Vereinsunternehmen gibt berechtigten Anlass zur Überprüfung der Toleranzgrenze des Nebenzweckprivilegs[38].

2.4 Ausgewählte und besondere Erscheinungsformen des Vereins

2.4.1 Der Verband

Die Worte Verband und Verein haben herkunfts- und wortgeschichtlich die gleiche Bedeutung, wobei heute jedoch eine Vielzahl verschiedener Deutungen und Meinungen verwendet werden. Der Verbandsbegriff kann einerseits zur Beschreibung von Unternehmen oder Unternehmensverbänden, die sich in der Rechtsform der BGB – Gesellschaft in einer Arbeitsgemeinschaft zusammengefunden haben, genutzt werden[39].

Das Albrecht Staatslexikon definiert den Verband als ein Zusammenschluss natürlicher oder juristischer Personen im Hinblick auf die politische, ökonomische, ökologische, soziale oder kulturelle Einflussnahme, ohne die Bereitschaft der Mitglieder zur unmittelbaren Verantwortung im Willensbildungsprozess[40]. Andererseits wird ein Verband mit einer nicht unerheblichen organisatorischen Größe in Verbindung gebracht[41]. Dies läuft jedoch der Gesetzessprache zu wider, da auch relativ flach organisierte Vereinbarungen als Verbände bezeichnet werden können. Im Gegensatz dazu wird in Art. 164 EGBGB für die Genossenschaft das Synonym Verband benutzt. Auch Großvereine erfüllen die Verbands-

---

[37] Vgl. Sauter, Der eingetragene Verein, Rn. 47
[38] Vgl. Steinbeck/Menk, NJW 1998, 2169 f.
[39] Vgl. Art. 164 EGBGB
[40] Vgl. Albrecht Staatslexikon, Bd. 8, §1 Abs. 1 Satz 1, 4; kritisch hierzu Reichert, Handbuch des Vereins- und Verbandsrechts, Rn. 2757
[41] Vgl. BayObLG, DB 1974, 1857

kriterien, werden jedoch meist aus traditionellen Gründen unter anderen Bezeichnungen, wie „Club" geführt[42]. Bekanntestes Beispiel hierfür ist der Allgemeine Deutsche Automobil – Club. Der Zusammenschluss mehrerer steuerbegünstigter Vereine zu einem Dachverband hat die Folge, dass dieser auch als den begünstigten Zwecken unmittelbar dienend angesehen wird[43]. Auch dann, wenn der Verband nicht selbst oder unmittelbar begünstigte Zwecke verfolgt, sondern nur die Interessen der Mitglieder, d.h. der angeschlossenen Vereine, vertritt[44].

2.4.3 Die Partei

Laut § 2 PartG nennt man dauernde oder auf eine bestimmte Zeit angelegte Vereinigungen von Bürgern im Hinblick auf die Einflussnahme der politischen Willensbildung im Bereich des Bundes oder der Länder oder der Vertretung des Volkes im Deutschen Bundestag, politische Parteien.

Voraussetzung dafür ist, dass nach dem Gesamtbild der realen Verhältnisse, welche mit dem Umfang und der Festigkeit ihrer Organisation, der Zahl der Mitglieder sowie dem öffentlichen Auftreten im Wesentlichen beschrieben ist, eine Ernsthaftigkeit der Partei zu erkennen ist.

Ebenso wie bei den Koalitionen[45] und dem allgemeinen Vereinsbegriff ist auch die Partei vom Mitgliederwechsel unabhängig, trägt nach Außen einen Gesamtnamen und hat als Basis eine körperschaftliche Verfassung. Eine Partei muss sich aus natürlichen Personen zusammensetzen und so gegliedert sein, dass eine Mitgliedschaft sowohl in der Grundorganisation, den Gebietsverbänden und in der Gesamtpartei besteht[46]. Bei einer vorrangigen erwerbswirtschaftlichen Zweckbetätigung oder einer satzungskonformen idealen Zweckbetätigung der Vereinigung, kann nicht mehr von einer Partei ausgegangen werden, wobei die Verfolgung eines diesbezüglichen Nebenzwecks unschädlich ist. Allein die außerparlamentarische Beteiligung am politischen Prozess ist ungenügend, vielmehr die Beteiligung an Wahlen stellt ein verfassungsrelevantes und unverzichtbares Element des Parteienbegriffs dar.[47] Es ist somit für die Partei unerlässlich zumindest in einigen Wahlkrei-

---

[42] Vgl. Reichert, Handbuch des Vereins- und Verbandsrechts, Rn. 2757
[43] Vgl. Wallenhorst in Troll/Wallenhorst/Halaczinsky, Die Besteuerung gemeinnütziger Vereine, Stiftungen und der juristischen Personen des öffentlichen Rechts, C Rz. 53
[44] Vgl. Luger, StWa 1995, S. 161
[45] Vgl. Reichert, Handbuch des Vereins- und Verbandsrechts, Rn. 2846
[46] Vgl. Seifert, Bundeswahlrecht, S. 199
[47] Vgl. Reichert, Handbuch des Vereins- und Verbandsrechts, Rn. 2876

sen Kandidaten zur Wahl aufzustellen, wobei der Erfolg des Kandidaten keine Berücksichtigung findet. Die Intention einer Vereinigung, Partei sein zu wollen, reicht laut Bundesverfassungsgericht nicht aus, um den Parteienstatus zu erlangen[48].

2.4.4 Religions- und Weltanschauungsgemeinschaften

Die Freiheit zum Zusammenschluss zu Religionsgemeinschaften besteht gemäß Art. 140 GG in Verbindung mit Art. 137 Abs. 2 Weimarer Reichsverfassung. Die Weltanschauungsgemeinschaften sind gem. Art. 137 Abs. 7 Weimarer Reichsverfassung den Religionsgemeinschaften gleichgestellt. Die „Kirchen" sind die christlichen Religionsgemeinschaften bzw. deren organisierte Gestalten. Sie unterscheiden sich durch ihre Gliederung und finden Gemeinsamkeiten in ihrer Berufung auf den Willen Gottes und der Bibel als grundlegende Offenbarung, so dass den Kirchen die Verkündung des Evangeliums sowie die Spende der Sakramente als zentrale Aufgaben zukommen. Die Kirchen sind, durch ihre Unterscheidung in Amtsträger und Laien, insbesondere von sektenartigen kleineren Religionsgemeinschaften abzugrenzen, bei welchen die ethischen Normen nur für Angehörige der Religionsgemeinschaften gelten[49]. Die Kirchen können gemäß Art. 140 GG in Verbindung mit Art. 137 Abs. 5 Weimarer Reichsverfassung den Status öffentlich rechtlicher Körperschaften erhalten, so dass sie sich von den übrigen Religionsgemeinschaften abheben und somit die oft vermischten Begrifflichkeiten „Kirche" und „Religionsgemeinschaften" per Gesetz getrennt werden können, wobei es aber für die Erfüllung der Aufgaben der Religionsgemeinschaft nicht auf deren Rechtsform ankommt. Religionsgemeinschaften sind in Deutschland in der Regel eingetragene oder nichtrechtsfähige Vereine[50].

Kirchen und Religionsgemeinschaften setzen sich nicht nur die partielle Pflege des religiösen Lebens ihrer Mitmenschen zum Ziel, was voraussetzt, dass der Zweck der Vereinigung gerade die Erreichung dessen zum Ziel hat. Religionsgemeinschaften können auch Abspaltungen von Kirchen oder größeren Religionsbekenntnissen sein, wobei häufig die Abspaltungen als Sekten angesehen werden[51]. Neben den Kirchen an sich werden auch Vereinigungen den Religionsgemeinschaften zugerechnet, welche im kirchlichen Auftrag agieren und in folgenden Bereichen satzungsmäßig tätig sind:

---

[48] Vgl. zu weiteren Voraussetzungen der Rechtmäßigkeit einer Partei § 2 PartG
[49] Vgl. Duden – Lexikon in 3 Bänden, Bd. 2, 1983, S. 1006 f.
[50] Vgl. BVerwG, NJW 1984, 989
[51] Vgl. BVerwG, NJW 1991, 1770 - 1773

Betriebe von Krankenhäusern, Alten- und Pflegeheimen, Missionswerken und Entwicklungshilfeorganisationen u.a.[52].

Weltanschauungsgemeinschaften werden nach dem Paritätsgrundsatz den Religionsgemeinschaften gleichgestellt[53]. Die Mitglieder dieser Personenvereinigungen vertreten gemeinsame Auffassungen hinsichtlich Sinn und Bewältigung des menschlichen Lebens, wobei dies im Gegensatz zur Religion über einen beweisbaren und rationalen Ansatz erklärt oder zu erklären versucht wird. Die Weltanschauungen können bei diesen Erklärungsversuchen sowohl areligiöse, religionsfeindliche oder religionsfreie Ansätze beinhalten[54].

3 Gemeinnützigkeit im Steuerrecht

3.1 Die Situation der gemeinnützigen Körperschaften

3.1.1 Geschichtlicher Abriss

In den zwanziger Jahren des 20. Jahrhunderts findet man die ersten gesetzlichen Bestimmungen zur Gemeinnützigkeit in Einzelsteuergesetzen bzw. Verordnungen, die jedoch inhaltlich weitgehend übereinstimmten[55]. Zusammengefasst wurden diese Bestimmungen noch vor dem zweiten Weltkrieg in § 17 des Steueranpassungsgesetzes[56], die damit den allgemeinen Teil des Gemeinnützigkeitsrechts regelten. 1941 erging hierzu die Gemeinnützigkeitsverordnung[57]. Diese 1953 rechtsstaatlichen Gesichtspunkten angepasste Verordnung[58] galt bis zum Inkrafttreten der AO 1977 und wurde zwischenzeitlich nur geringfügig[59] geändert. Je nach Einstellung des einzelnen Finanzamts bestanden zwischen der tatsächlichen Sachbehandlung und der Rechtslage, die sich nach den gesetzlichen Vorschriften ergab, nicht unerhebliche Differenzen vor der Einführung der AO 1977[60]. Nach der Neufassung der Vorschriften über die Gemeinnützigkeit in der AO1977 änderte sich

---

[52] Vgl. Reichert, Handbuch des Vereins- und Verbandsrechts, Rn. 2949
[53] Vgl. hierzu Art. 4 Abs. 1 GG, Art. 140 GG i.V.m. Art. 137 Abs. 2 und 7 WRV
[54] Vgl. Reichert, Handbuch des Vereins- und Verbandsrechts, Rn. 2950 ff.
[55] Vgl. Wallenhorst in Troll/Wallenhorst/Halaczinsky, Die Besteuerung gemeinnütziger Vereine, Stiftungen und der juristischen Personen des öffentlichen Rechts, Kap. C Rz. 8
[56] StAnpG v. 16.10.1934 RGBl. 1934 I, S. 925
[57] GemVO v. 16.12.1941 RStBl. 1941 S. 937
[58] GemVO v. 24.12.1953 BGBl. 1953 I S. 1592
[59] StAnpG v. 18.8.1969 BGBl. 1969 I S. 1211
[60] Vgl. Wallenhorst in Troll/Wallenhorst/Halaczinsky, Die Besteuerung gemeinnütziger Vereine, Stiftungen und der juristischen Personen des öffentlichen Rechts, Kap. C Rz. 8

diese Situation. Offensichtlich prüften die Finanzämter die Voraussetzungen für die Anerkennung gemeinnütziger Organisationen genauer als früher. Nicht zuletzt sorgte die Umwegfinanzierung der Parteien über gemeinnützige Organisationen für erhöhte Aufmerksamkeit[61].

Eine generelle Wende im Gemeinnützigkeitsrecht schien sich 1988 mit der Vorlage des Gutachtens der unabhängigen Sachverständigenkommission zur Prüfung des Gemeinnützigkeits- und Spendenrechts[62] anzubahnen. Der Gesetzgeber folgte jedoch unter dem massiven Druck der Lobby den Reformvorschlägen im Wesentlichen nicht, sondern erweiterte sogar im sog. Vereinsförderungsgesetz den Katalog der gemeinnützigen Zwecke[63]. Dies wiederum führte zu zahlreichen bis heute andauernden Kontroversen in der Auslegung und Anwendung der einschlägigen Vorschriften.

Im Wesentlichen wurden mit Wirkung ab 2000 die formellen Mängel des Spendenrechts, welche schon die Sachverständigenkommission gerügt hatte, beseitigt. Die nach § 10 b EStG begünstigten Zwecke wurden in den §§ 48 ff. EStDV neu gefasst und insbesondere das sog. Durchlaufspendenverfahren abgeschafft. Verblieben ist allerdings der inhaltliche Fehler mangelnder parlamentarischer Einflussnahme auf die Formulierung der spendenbegünstigten Zwecke, da die Anlage 7 EStR 1999 nur durch die Anlage zu § 48 EStDV, d.h. durch eine Verordnung des BMF, ersetzt wurde[64].

Zuletzt wurde durch das Gesetz zur Änderung der AO und anderer Gesetze vom 21.7.2004[65] wurde § 58 Nr. 1 AO geändert. Danach ist die Steuerbegünstigung eines Fördervereins nicht mehr davon abhängig, ob sich der von ihm geförderte Betrieb eine gemeinnützige Satzung gibt.

3.1.2 Rechtfertigung der Gemeinnützigkeit

Die mit der Gemeinnützigkeit verbundenen Steuervorteile werden damit gerechtfertigt, dass die gemeinnützigen Körperschaften Aufgaben übernehmen, die eigentlich im Bereich der Daseinsvorsorge vom Staat zu erfüllen wären[66]. Um diese Entlastungen für den Staat

---

[61] Vgl. Nehm, FR 1985, S. 612, und Nehm, FR 1986, S. 13
[62] Herrnkind, DStZ 1988, S. 547, 581
[63] Vgl. Wallenhorst in Troll/Wallenhorst/Halaczinsky, Die Besteuerung gemeinnütziger Vereine, Stiftungen und der juristischen Personen des öffentlichen Rechts, Kap. C Rz. 10;
ebenso Lang, FR 1990, S. 353
[64] Vgl. Hüttemann, in: Handelsblatt v. 10.8.1999, Kardinalfehler des Spendenrechts
[65] BGBl. 2004 I S. 1753
[66] Vgl. Tipke/Kruse, Vor § 51 AO Anm. 4; Vgl. Hardorp, BB 1986, S. 2341

zu honorieren und zu unterstützen verzichtet der Staat freiwillig auf Steuereinnahmen und wird somit dem Subsidiaritätsprinzip gerecht[67]. Die betreffenden Tätigkeiten sind in einer Art Katalog gesetzlich in der AO festgeschrieben. An diesen durch das Gesetz festgelegten Grenzen wird nur allzu häufig versucht zu rütteln, was sich besonders im sportlichen Bereich, welcher nach § 52 Abs. 2 Nr. 2 AO gemeinnützigen Zwecken dient, bemerkbar macht, denn hier finden sich Gegner der Verschiebung der Grenze hin zu freizeitlichen Aktivitäten wieder, welche dann auf einer Stufe mit der staatstragenden Betätigung der Sportvereine und Verbände stehen würden[68].

3.1.3 Folgen aus der Gemeinnützigkeit

Durch die Befreiungstatbestände in den Einzelsteuergesetzen und durch das Spendenrecht stehen im Allgemeinen die steuerlichen Vorteile der Gemeinnützigkeit im Vordergrund der Betrachtung. Allerdings dürfen die strikten Vorschriften etwa der Mittelverwendung nicht verkannt werden, da sie auch Nachteile bringen können, die in neuerer Zeit vor allem im Sportbereich erkennbar sind.

3.1.3.1 Die Vorteile

Die Vorteile der Gemeinnützigkeit erstrecken sich im Wesentlichen auf die mit ihr verbundenen Steuervergünstigungen in fast allen relevanten Steuergesetzen, wie dem Körperschaftsteuer-, Gewerbesteuer-, Grundsteuer-, Erbschaftsteuer- und Umsatzsteuergesetz, aber auch dem Rennwett- und Lotteriegesetz. Die Befreiungstatbestände der Einzelsteuergesetze stimmen im Wesentlichen überein. Hierfür ist der allgemeine Teil des Gemeinnützigkeitsrechts in der AO der Ansatzpunkt.

Direkte Steuervorteile bestehen, solange kein wirtschaftlicher Geschäftsbetrieb vorliegt, des Weiteren bestehen Vergünstigungen bei der Erbschaft- und Grundsteuer[69]. Letztlich gilt für Umsätze des Zweckbetriebs und der Vermögensverwaltung der begünstigte Umsatzsteuersatz gem. § 12 Abs. 2 Nr. 8 UStG. Neben den direkten Steuervorteilen bestehen auch mittelbare Vergünstigungen, so der mögliche Spendenabzug[70], welcher beim Spender

---

[67] Vgl. Jütting/van Bentmen/Oshege, Vereine als sozialer Reichtum, S. 11 ff.
[68] Vgl. Wallenhorst in Troll/Wallenhorst/Halaczinsky, Die Besteuerung gemeinnütziger Vereine, Stiftungen und der juristischen Personen des öffentlichen Rechts, Kap. C Rz. 36
[69] Vgl. Schauhoff, Handbuch der Gemeinnützigkeit, Rz. 46
[70] § 10 b EStG; § 9 Abs. 1 Nr. 2 KStG; § 9 Nr. 5 GewStG

vorzunehmen ist. Darüber hinaus können Übungsleiter die sog. Übungsleiterpauschale[71] als Steuervergünstigung in Anspruch nehmen[72].

3.1.3.2 Die Nachteile

Zahlreiche Beschränkungen oder Komplikationen im Hinblick auf das anzuwendende Recht stellen die wesentlichen Nachteile der Gemeinnützigkeit dar. Dass diese Materie im Gegensatz zum kaufmännischen Bereich nicht zur Routine der Steuerberater gehört, diese zudem noch mit ehrenamtlichen Organträgern zu tun haben, denen neben fehlender Kompetenz oft auch das Problembewusstsein der steuerlichen Situation – etwa bei Verlust der Gemeinnützigkeit – abgeht, verstärkt die Komplikationen. Dies belegt die Anzahl der in jüngster Zeit erlassenen Urteile und Verwaltungsanweisungen durch den BFH bzw. die Oberfinanzdirektionen, was wiederum die Schwierigkeit und Brisanz der Thematik darstellt.

Die strikte Festlegung auf bestimmte Zwecke in den §§ 52 ff. AO schränkt schon ein. Die ungenaue, praktisch aber oft entscheidende Grenze zwischen Zweckbetrieb und wirtschaftlichem Geschäftsbetrieb ist zu beachten, was Entscheidungsfindung unter rein ökonomischen Aspekten erschwert. Ebenso die eingeschränkte Mittelverwendung sowie die Selbstlosigkeit an sich hemmen die Entscheidungsfindung eines Vereins im Gegensatz zu kaufmännischen Unternehmen. Aber auch die Tatsache der Festlegung der vom Verein satzungsmäßig verfolgten Zwecke benachteiligt die Vereine stark gegenüber rein kaufmännisch geführten Unternehmen.

Diese Nachteile werden derzeit besonders in den Grenzbereichen des Sports zum reinen Kommerzbetrieb transparent. Große Sportveranstaltungen setzen an Stelle des Ehrenamts bezahltes, professionelles Management voraus und die Summen, die hierfür sowie für Sportanlagen und Professionals zu bewegen sind – man denke nur an die Ablösesummen im Profifußball oder die Kosten der Sportanlagen -, sind selbst mit den angepassten Regelungen der §§ 52 ff. AO kaum noch zu realisieren[73].

---

[71] Sie ist in § 3 Nr. 26 EStG auf 1.848 € festgelegt.
[72] Vgl. Wallenhorst in Troll/Wallenhorst/Halaczinsky, Die Besteuerung gemeinnütziger Vereine, Stiftungen und der juristischen Personen des öffentlichen Rechts, Kap. C Rz. 14 - 16
[73] Vgl. Wallenhorst in Troll/Wallenhorst/Halaczinsky, Die Besteuerung gemeinnütziger Vereine, Stiftungen und der juristischen Personen des öffentlichen Rechts, Kap. C Rz. 17 - 19

3.1.4 Die wirtschaftliche Bedeutung

Die wirtschaftliche Bedeutung der Gemeinnützigkeit ist kaum zu quantifizieren. Selbst Franz kommt bei seiner gründlichen Untersuchung zu dem Ergebnis, dass die Gemeinnützigkeit als „Multisteuervergünstigung" vom Subventionseffekt her nicht bezifferbar ist[74]. Er weist darauf hin, dass neben den direkten auch indirekte Förderbestimmungen bestehen, die weit über die steuergesetzlichen hinausgehen. Zu den direkten Förderwirkungen zählt er die Steuerentlastung bzw. -befreiung bestimmter Einkünfte bei der Körperschaft-, Gewerbeertrag-, sowie Grundsteuer und ergänzt sie um die Bewertungsfreiheit für Krankenhäuser[75]. Nicht nur die steuerliche Kostenentlastung betrifft danach die Ermäßigung bzw. Befreiung von der Umsatzsteuer sowie die Vergünstigungsvorschriften beim Vorsteuerabzug[76], die Befreiung von der Lotteriesteuer, die Einkommensteuerbefreiung von Aufwandsentschädigungen für Übungsleiter und nebenberufliche Pfleger[77], die Einkommensteuerbefreiung der Stipendien gemeinnütziger Körperschaften beim Empfänger[78] sowie die Befreiung von der Vergnügungssteuer, die länderrechtlich geregelt ist.

3.2 Begünstigte Organisationen

Die Steuerbegünstigung als Ausdruck der Gemeinnützigkeit gilt ausschließlich für unbeschränkt steuerpflichtige, inländische Körperschaften im Sinne des § 1 KStG, was in der kalkulierbaren satzungsbedingten Tätigkeit begründet liegt. Somit sind andere Rechtsformen sowie natürliche Personen von der Gemeinnützigkeit ausgeschlossen. Auch zu den begünstigten Strukturen gehören die gewerblichen Betriebe der Personen des öffentlichen Rechts, nicht aber die Personen des öffentlichen Rechts an sich[79]. Dagegen spricht Buchna von einer Bedeutungslosigkeit der Rechtsform der Körperschaft für die Inanspruchnahme steuerlicher Vergünstigungen[80]. Diese Meinung ist allerdings als falsch zu betrachten, was in einem Urteil des BFH klar dargestellt wird[81].

---

[74] Vgl. Franz, Grundlagen der Besteuerung gemeinnütziger Körperschaften bei wirtschaftlicher Betätigung, S. 25 ff.
[75] § 116 BewG aF
[76] Pauschalierung in § 23a und Befreiung in § 4 a UStG
[77] Die Übungsleiterpauschale ist in § 3 Nr. 26 EStG auf 1.848 € festgelegt.
[78] §Voraussetzungen für die Steuerfreiheit von Stipendien in § 3 Nr. 44 EStG
[79] Vgl. Neufang, Steuern für Vereine 2004, S. 1
[80] Vgl. Buchna, Gemeinnützigkeit im Steuerrecht, S. 19
[81] Vgl. BFH v. 2.12.1970, BStBl. 1971 II, S. 187

3.3 Gemeinnützige Zwecke

Rechtsprechung und Finanzverwaltung haben bereits in vielen Einzelfällen dazu Stellung genommen, ob Steuervergünstigungen wegen Erfüllung gemeinnütziger Zwecke gewährt werden können. Auf der Grundlage des bis zum 31.12.1976 geltenden Rechts ergangenen Entscheidungen und Verwaltungsanweisungen sind – soweit sie nicht in Einzelfällen durch die gesetzliche Neuregelung als überholt anzusehen sind – auch weiterhin anzuwenden. Im Anhang I werden in alphabetischer Reihenfolge insbesondere solche Beispiele angesprochen, von denen angenommen werden kann, dass ihnen eine größere praktische Bedeutung zukommt, oder aus denen Rückschlüsse auf die Behandlung ähnlich gelagerter Fälle gezogen werden können. Die angeführten Beispiele bieten nur Anhaltspunkte für die gemeinnützigkeitsrechtliche Beurteilung von Körperschaften, die die gleiche oder ähnliche Zwecke verfolgen. Ob in vergleichbaren Einzelfällen Steuervergünstigungen gewährt werden können, ist davon abhängig, dass auch die übrigen Voraussetzungen dafür vorliegen. An sich gemeinnützige Zwecke und Einrichtungen müssen stets von einer steuerbegünstigten Körperschaft oder von einer juristischen Person des öffentlichen Rechts verfolgt beziehungsweise getragen werden. Auch wenn die Voraussetzungen für die Gemeinnützigkeit gegeben sind, können Steuervergünstigungen insoweit nicht gewährt werden, als ein wirtschaftlicher Geschäftsbetrieb unterhalten wird.

Vorab wird auf das Verzeichnis der allgemein als besonders förderungswürdig anerkannten gemeinnützigen Zwecke hingewiesen (Anlage 1 zur EStDV). Dem Verzeichnis kommt zwar unmittelbare Bedeutung nur für den Spendenabzug zu, es bietet aber auch wesentliche Anhaltspunkte für die Auslegung des Begriffs „gemeinnützige Zwecke". Dieser Katalog bezieht sich jedoch nur auf gemeinnützige Zwecke im engeren Sinn. Für religiöse und wissenschaftliche Zwecke bedarf es für den Spendenabzug nach § 10 b Abs. 1 EStG keiner Anerkennung der besonderen Förderungswürdigkeit.

3.4 Die Voraussetzungen der Gemeinnützigkeit

3.4.1 Allgemeinheit

Nach § 52 Abs. 1 AO ist eine Körperschaft gemeinnützig, wenn ihre Tätigkeit darauf gerichtet ist, die Allgemeinheit auf materiellem, geistigem oder sittlichen Gebiet selbstlos zu fördern. Gemeinnützigkeit ist weniger als das allgemeine Wohl[82] und schließt rein privat-

---

[82] Vgl. BFH v 24.11.1976, BStBl. 1977 II, S. 213,

orientierte Freizeitgestaltung aus[83]. Eine Förderung der Allgemeinheit i.S.d. § 52 Abs. 1 AO bedeutet, dass die steuerbegünstigte Körperschaft für die Allgemeinheit geöffnet sein muss. Die Tätigkeit der Körperschaft muss der Allgemeinheit zugute kommen. Diese Forderung ist nicht erfüllt, wenn der Kreis der Personen, dem die Förderung zugute kommt, fest abgeschlossen oder dauernd nur klein ist.

Eine schädliche Abgeschlossenheit in diesem Sinne ist gegeben, wenn das Wirken der Körperschaft nur einer ganz bestimmten Personengruppe zugute kommt. Eine schädliche Eingrenzung liegt demgegenüber vor, wenn sich die Abgrenzungskriterien an „sachfremden" Merkmalen orientiert. Das Gesetz selbst nennt als „sachfremde" Kriterien die Zugehörigkeit zu einer Familie oder der Belegschaft eines Unternehmens. Ebenso sachfremd könnte es im Einzelfall zu beurteilen sein, wenn z. B. die Aktivitäten der Körperschaft nur wegen der Zugehörigkeit zu einem Stand dem betreffenden Personenkreis zugute kommen[84]. Die Einschränkung auf eine bestimmte Religionszugehörigkeit sieht der BFH dann als unschädlich an, wenn eine große Religionsgesellschaft wie etwa die Katholische oder Evangelische Kirche angesprochen ist[85].

Der Kreis der durch die Betätigung der Körperschaft begünstigten Personen darf nicht von vornherein nach bestimmten Merkmalen begrenzt sein. Die gesetzliche Vorgabe, eine Förderung der Allgemeinheit anzustreben, kann aber andererseits nicht bedeuten, dass die Körperschaft stets sicherstellen muss, dass eine unbegrenzte Anzahl von Personen auf das Tätigwerden der Körperschaft einen Anspruch hat. Die Förderung eines engen Personenkreises ist dann als eine Förderung der Allgemeinheit anzusehen, wenn dieser enge Kreis als Ausschnitt der Allgemeinheit angesehen werden kann und in ihm zugleich das Wohl der weiteren Allgemeinheit gefördert wird[86].

Es kommt bei einem Verein grundsätzlich nicht darauf an, ob der Kreis der Vereinsmitglieder eventuell nach bestimmten Gesichtspunkten eng begrenzt ist. Entscheidend ist vielmehr, ob der geförderte Personenkreis als Allgemeinheit angesehen werden kann. Je nach Zielsetzung des Vereins kann der geförderte Personenkreis jedoch mit dem Mitgliederkreis übereinstimmen oder es können für die Förderung nur andere Personen als die Vereinsmitglieder in Betracht kommen.

---

[83] Vgl. o.V., StuW 1989, S. 165
[84] Bgl. BFH v. 5.8.1992, BStBl. 1992 II, S. 1048
[85] Vgl. BFH v. 2.12.1955, BStBl. 1956 III, S. 22
[86] Vgl. BFH v. 13.12.1978, BStBl. 1979 II S. 482

In Fällen, in denen die Tätigkeit einer Körperschaft überwiegend oder fast ausschließlich auf die Förderung der Vereinsmitglieder ausgerichtet ist, muss der Zugang zum Verein grundsätzlich der Allgemeinheit offen stehen. Zum einen bedingt das eine Offenheit nach den Satzungsregelungen, aber auch eine Offenheit im Rahmen der tatsächlichen Geschäftsführung. Durch den Umstand, dass eventuell aktive oder fördernde Mitglieder die Aufnahme befürworten müssen und dem Vorstand durch Mehrheitsbeschluss die Entscheidung über die Aufnahme vorbehalten ist, kann nicht als Beschränkung bei der Mitgliederaufnahme gewertet werden[87]. Die Förderung der Allgemeinheit ist nicht schon deshalb aus formellen Gründen ausgeschlossen, weil in der Satzung nicht geregelt ist, aus welchen Gründen Personen die Aufnahme in den Verein verwehrt werden kann[88].

Der Beitritt zum Verein darf für weite Bevölkerungskreise praktisch nicht dadurch ausgeschlossen sein, dass z. B. hohe Eintrittsgelder und Mitgliedsbeiträge erhoben werden. Das gilt auch, wenn z. B. der Verbleib in dem Verein faktisch von der Zahlung einer verhältnismäßig hohen Spende abhängig gemacht wird oder wenn Mitglieder zu hohen Umlagen herangezogen werden, um Investitionen des Vereins zu finanzieren.

Haben sich die Mitglieder des Vereins zusätzlich zu den sonstigen Mitgliederbeiträgen und –umlagen zur Gewährung eines Darlehens an den Verein verpflichtet, kann die Darlehenssumme selbst weder als Mitgliederbeitrag noch als Bestandteil der Aufnahmegebühr gewertet werden. Nur dann, wenn das Darlehen zinslos oder zu einem günstigeren Zinssatz als der auf dem Kapitalmarkt übliche gewährt wird, ist in Höhe des jährlichen Zinsverzichtes ein zusätzlicher Mitgliederbeitrag anzunehmen[89].

In jedem Einzelfall ist abzuwägen, ob die wirtschaftlichen Vorteile für die Mitglieder im Interesse der Allgemeinheit hinzunehmen sind. Dabei stellt sich die Frage, ob die Förderung der Allgemeinheit tatsächlich im Vordergrund der Tätigkeit der Körperschaft steht oder der Nutzen für die Allgemeinheit hinter dem Eigennutz der Beteiligten zurückbleibt[90]. Z. B. ist die Allgemeinheit und somit die Gemeinnützigkeit bei einem Golfclub gegeben, wenn der Eintritt über einen Kommanditanteil erworben wird und nicht über eine „Eintrittsspende" in gleicher Höhe. Da der Kommanditanteil an der Verpachtungs GmbH & Co.KG nach Beendigung der Mitgliedschaft veräußert werden kann, besteht für das Mit-

---

[87] Vgl. BFH v. 13.12.1978, BStBl. 1979 II S: 488
[88] Vgl. BFH v. 13.8.1997, BStBl. 1997 II S. 794
[89] Vgl. BFH v. 13.11.1996, BStBl. 1996 II S. 711
[90] Vgl. Hüttemann, Wirtschaftliche Betätigung und steuerliche Gemeinnützigkeit, S. 68; Schauhoff, Handbuch der Gemeinnützigkeit, Tz. 16

glied als echter Aufwand das zu zahlende Agio sowie der entstehende Zinsverlust, der auf Basis einer Verzinsung von 5,5% geschätzt werden kann[91].

Oft wird eine Förderung der Allgemeinheit aus finanziellen, technischen oder anderen sachlichen Gründen auf ein bestimmtes Maß beschränkt sein[92]. Eine Förderung der Allgemeinheit ist in diesen Fällen noch anzunehmen, weil die Förderungsmöglichkeit durch die tatsächlichen Gegebenheiten eingeschränkt sind und es sich insoweit regelmäßig nicht um eine bewusste und von vornherein gewollte Begrenzung auf einen geschlossenen Personenkreis bzw. eine dauernd nur kleine Zahl handelt.

3.4.2 Selbstlosigkeit

3.4.2.1 Grundsätzliches zur Selbstlosigkeit

Die gemeinnützigen, mildtätigen und kirchlichen Zwecke müssen selbstlos verwirklicht werden. Das Erfordernis der Selbstlosigkeit ist von der Rechtssprechung entwickelt worden[93] und wird für alle steuerbegünstigten Zwecke gesetzlich ausdrücklich gefordert.

Selbstloses Handeln ist nach § 55 Abs. 1 S. 1 AO immer dann gegeben, wenn eine Körperschaft nicht in erster Linie eigenwirtschaftliche Zwecke verfolgt. Schädliche eigenwirtschaftliche Interessen in diesem Sinne verfolgt eine Körperschaft, wenn sie mit ihrer Tätigkeit eigenen wirtschaftlichen Interessen nachgeht. Das ist dem Grunde nach immer dann der Fall, wenn die Tätigkeit der Körperschaft darauf abzielt, eigenes Einkommen zu erwirtschaften und das eigene Vermögen zu mehren. So hat es der BFH als schädlich in diesem Sinne angesehen, dass die betreffende Körperschaft ausschließlich durch Darlehen ihrer Gründungsgesellschafter finanziert wurde und sie dieses Fremdkapital satzungsmäßig tilgen und verzinsen musste[94]. Der langfristige eigenmittelfinanzierte Aufbau eines Vermögensstocks, aus dessen Erträgen die gemeinnützigen Zwecke realisiert werden, ist unzulässig[95].

Ebenfalls ist es grundsätzlich schädlich wenn die Körperschaft die Förderung der wirtschaftlichen Interessen der Mitglieder, Gesellschafter, Stifter betreibt. Der Begriff der „wirtschaftlichen Interessen" ist hier im Sinne der Verfolgung „gemeinnützigkeitsfremder"

---

[91] Vgl. BFH v. 23.7.2003, BFH/NV 2004, 104
[92] Vgl. BFH v. 13.12.1978, BStBl. 1979 II S. 488
[93] Vgl. RFH v. 17.7.1930, RStBl. 1930, S. 702
[94] Vgl. BFH v. 26.4.1989, BStBl. 1989 II, S. 670; BFH v. 24.7.1996, BStBl. 1996 II, S. 583
[95] Vgl. Hübschmann/Hepp/Spitaler, Kommentar zur AO, Tz. 58

Interessen zugunsten der Mitglieder zu verstehen. Hierzu zählen insbesondere auch Vorteile, die sich bei den Mitgliedern außerhalb der steuerlichen Einkunftserzielung niederschlagen, z. B. die Verschaffung von Preisnachlässen.

Die Förderung von schädlichen Interessen in diesem Sinne zugunsten der Mitglieder ist immer dann besonders kritisch zu untersuchen, wenn der Kreis der geförderten Personen mit dem Kreis der Mitglieder der fördernden Körperschaft identisch ist[96].

Die Gewährung ideeller Vorteile, wie z. B. das Anbieten von Möglichkeiten zur Ausübung sportlicher Betätigungen, stellt meiner Ansicht jedoch keinen Verstoß gegen das Gebot der Selbstlosigkeit dar[97].

Selbstlosigkeit bedeutet ein opferwilliges Handeln unter Verzicht auf einen eigenen Nutzen. Selbstloses Handeln drückt sich im Allgemeinen durch freiwillige Hingabe materieller Mittel oder einer Arbeitsleistung aus, ohne dass dem eine angemessene Gegenleistung gegenübersteht. Geprägt ist das Handeln selbstlos tätiger Körperschaften dadurch, dass sie ihre Mittel in erster Linie für steuerbegünstigte Zwecke verwenden und damit fremdnützig tätig werden. Im Gegensatz dazu steht das Streben nach eigenem Nutzen. Steuerbegünstigt ist eine Tätigkeit, wenn sie selbstloser Gesinnung entspricht[98]. Der RFH hat dazu ausgeführt: „Eine steuerrechtliche Gemeinnützigkeit ist dann gegeben, wenn sowohl die objektive Voraussetzung der Förderung des Gemeinwohls als auch die subjektive Voraussetzung des Gemeinsinns als bestimmende Ursache vorliegen. Gemeinsinn ist der Beweggrund, Gemeinwohl das bezweckte Ergebnis der Gemeinnützigkeit. Fehlt eine der beiden Voraussetzungen, dann kann eine steuerliche Gemeinnützigkeit nicht anerkannt werden"[99].

Nicht jegliche Förderung eigenwirtschaftlicher Interessen im oben angegebenen Sinne ist schädlich für die Gemeinnützigkeit. Eine Körperschaft handelt nach dem Verständnis des § 55 AO selbstlos, wenn die Förderung der eigenwirtschaftlichen Interessen – nicht in erster Linie – verfolgt wird. Nur wenn die eigenwirtschaftlichen Interessen im Vordergrund des Handelns der Körperschaft stehen, also letztlich überwiegend der Antrieb für das Wirken der Körperschaft sind, liegt keine Selbstlosigkeit nach § 55 AO mehr vor. Ein Indiz für selbstloses Handeln kann z. B. darin gesehen werden, dass eine Körperschaft zwar gegen

---

[96] Vgl. BFH v. 22.8.1952, BStBl. 1952 III, S. 270
[97] Kritisch Hüttemann, Wirtschaftliche Betätigung und steuerliche Gemeinnützigkeit, S. 36 und 63
[98] Vgl. BFH v. 26.4.1989, BStBl. 1989 II, S. 670
[99] S. RFH v. 27.4.1932, RStBl. 1932, S. 979

Entgelt tätig wird, dieses aber unter den Selbstkosten liegt[100]. Ist die gesamte oder überwiegende Tätigkeit einer Körperschaft auf die Erzielung und Steigerung ihrer Einkünfte sowie auf die Vermehrung ihres Vermögens ausgerichtet, so handelt sie nicht mehr selbstlos. In seinem Urteil vom 26.4.1989 hat der BFH z. B. eine Körperschaft mangels Selbstlosigkeit nicht als gemeinnützig anerkannt, die bereits nach der Satzung verpflichtet war, ihre gemeinnützige Tätigkeit von der Gründung an auf die Erzielung von Einnahmen zur Tilgung und Verzinsung ihrer Schulden auszurichten[101].

Das Gebot, die satzungsmäßigen Zwecke ausschließlich zu verfolgen, erfährt durch die Formulierung des § 55 Abs. 1 S. 1 AO eine gewisse Durchbrechung. Sie eröffnet den steuerbegünstigten Körperschaften die Möglichkeit, wirtschaftliche Geschäftsbetriebe, die keine Zweckbetriebe sind, und vermögensverwaltende Tätigkeiten ohne Verlust der Steuerbefreiung zu unterhalten[102]. Allenfalls nebenbei dürfen diese eigenwirtschaftlichen Zwecke mitverfolgt werden[103]. Die wirtschaftliche Betätigung in der Form eines wirtschaftlichen Geschäftsbetriebs darf aber nicht im Vordergrund des Wirkens der Körperschaft stehen[104].

Lang und Seer halten es für möglich, dass auch gemeinnützige Körperschaften weitreichende wirtschaftliche Tätigkeiten ausüben können[105]. Das ist jedoch nur dann zulässig, wenn der wirtschaftliche Geschäftsbetrieb als „Mittelbeschaffungseinrichtung" letztlich den Charakter einer „Hilfstätigkeit" im Verhältnis zur steuerbegünstigten Tätigkeit annimmt[106].

Nach welchen Kriterien ein mit dem Ziel der Einkommens- und Vermögensmehrung betriebenes Handeln noch als Hilfs- oder Nebentätigkeit in diesem Sinne zu beurteilen ist, ist nicht geregelt[107]. Das Verhältnis der Einnahmen aus dem steuerpflichtigen wirtschaftlichen Geschäftsbetrieb zu den anderen Einnahmen der Körperschaft kann nicht der alleinige Maßstab sein. Es muss berücksichtigt werden, dass im gemeinnützigen Bereich oft nur geringe Einnahmen in Form von Mitgliederbeiträgen und Spenden zufließen, die Körperschaft aber dennoch dank der Gewinne des wirtschaftlichen Geschäftsbetriebs eine umfangreiche gemeinnützige Tätigkeit entfalten kann. Der Umfang der jeweiligen Betätigung

---

[100] Vgl. BFH v. 24.7.1996, BStBl. 1996 II, S. 583
[101] Vgl. BFH v. 26.4.1989, BStBl. 1989 II, S. 670
[102] Vgl. BFH v. 21.8.1985, BStBl. 1986 II, S. 88
[103] Vgl. BFH v. 23.10.1991, BStBl. 1991 II, S. 62
[104] Vgl. Hüttemann, Wirtschaftliche Betätigung und steuerliche Gemeinnützigkeit, S. 13
[105] Vgl. Lang/Seer, FR 1994, S. 521, 527
[106] Vgl. Bopp, DStZ 1999, S. 123
[107] Auch nicht im BMF – Schreiben v. 15.2.2002, BStBl. 2002 I, S. 267

ist deshalb ein mindestens ebenso wichtiges Kriterium zur Abgrenzung[108]. Beispielhaft sind zu dieser Frage die in der Regel als gemeinnützig anerkannten Vereine im Bereich des bezahlten Sports zu nennen. Hier dürfte der überwiegende Teil der Einnahmen im Bereich des steuerpflichtigen Spielbetriebs, der Werbung etc. anfallen. Bei einem Vergleich der Personen, die in dem Verein sportlich aktiv sind, wird die Anzahl der Amateursportler und der Veranstaltungen für bzw. mit Amateursportlern die vergleichbare Zahl der „Profiaktivitäten" regelmäßig weit übersteigen. Strahl schlägt in diesem Zusammenhang vor, auf den Arbeitseinsatz der Mitarbeiter der Körperschaft abzustellen[109].

Der Charakter der Hilfs- und Nebentätigkeit wird dadurch deutlich, dass die mit dem steuerpflichtigen wirtschaftlichen Geschäftsbetrieb oder der Vermögensverwaltung eintretenden Vermögensmehrungen tatsächlich zeitnah für die steuerbegünstigten Zwecke eingesetzt bzw. genutzt werden.

Da die Körperschaft die steuerlichen Vergünstigungen wegen Verfolgung gemeinnütziger Zwecke begehrt, hat sie den Nachweis zu führen, dass sie nicht in erster Linie eigenwirtschaftliche Zwecke verfolgt[110]. Sie muss also darlegen, wann und in welchem Umfang sie die im Bereich der Vermögensverwaltung oder im steuerpflichtigen wirtschaftlichen Geschäftsbetrieb erzielten Vermögensmehrungen im Sinne des § 55 Abs. 1 Nr. 1 AO tatsächlich für die steuerbegünstigten Zwecke eingesetzt hat oder einsetzen wird. Eine ständige Ausweitung eines steuerpflichtigen wirtschaftlichen Geschäftsbetriebs, ohne dass die dort erzielten Überschüsse tatsächlich im ideellen Bereich Verwendung finden, muss dann zur Aberkennung der Steuerbegünstigung führen. In diesem Zusammenhang müssen gemeinnützige Vereine auch die Grenzen des Zivilrechts beachten. Im Rahmen der Abgrenzung eines Idealvereins gem. § 21 BGB von dem nur äußerst restriktiv zugelassenen wirtschaftlichen Verein gem. § 22 BGB wird nämlich gefordert, dass ein wirtschaftlicher Geschäftsbetrieb in einem funktionalen Zusammenhang mit dem nicht wirtschaftlichen Zweck des Vereins steht[111]. Wird einem Verein die Eigenschaft nach § 21 BGB entzogen, ist regelmäßig eine GbR gegeben. Mit dem Entzug der Vereinseigenschaft würde also gleichzeitig der Verlust der Gemeinnützigkeit verbunden sein.

---

[108] Vgl. Müller – Gatermann, FR 1995, S. 261
[109] Vgl. Strahl, KÖSDI 2000, S. 12527
[110] Vgl. BFH v. 15.7.1998, BStBl. 2002 II, S. 162
[111] Vgl. Lettl, DB 2000, S. 1449

Als Beispiele steuerschädlichen eigenwirtschaftlichen Handelns sind im § 55 AO gewerbliche und sonstige Erwerbszwecke genannt. Wenn die Körperschaft selbst oder deren Mitglieder oder auch andere Personen, die auf die Verwendung der Mittel und die Tätigkeit der Körperschaft Einfluss nehmen können, durch die Betätigung der Körperschaft eigenwirtschaftliche Zwecke verfolgen, ist die Voraussetzung der Selbstlosigkeit nicht erfüllt[112].

Es ist steuerlich unschädlich, wenn die auf Gemeinnützigkeit gerichtete Tätigkeit einer Körperschaft auch den Mitgliedern mehr oder weniger zugute kommt. Verfolgt die Körperschaft ausschließlich und unmittelbar steuerbegünstigte Zwecke und fallen die Vorteile für Mitglieder gewissermaßen als Nebenprodukt der begünstigten Tätigkeit mit ab, schließt das grundsätzlich die Anerkennung der Steuerbegünstigung nicht aus[113]. In seinem Urteil v. 13.12.1978 führt der BFH dazu weiter aus: „Der begünstigten Tätigkeit kann in diesen Fällen die Selbstlosigkeit nicht abgesprochen werden."

Ein selbstloses Handeln kann jedoch dann nicht mehr angenommen werden, wenn die ihm eigene Opferwilligkeit zugunsten anderer wegfällt oder in den Hintergrund gedrängt wird und an deren Stelle in erster Linie Eigennutz tritt. Das ist nach der gesetzlichen Regelung der Fall, wenn die fördernde Tätigkeit in erster Linie eigenwirtschaftlich Zwecke verfolgt..., z. B. gewerbliche Zwecke oder sonstige Erwerbszwecke. Ist die Verfolgung solcher Zwecke in erster Linie der Antrieb für das Wirken der Körperschaft, so mangelt es insoweit an einem selbstlosen Handeln"[114].

Bei Tier- und Pflanzenzuchtvereinen ist nach AEAO Nr. 12 zu § 52 AO besonders auf die Selbstlosigkeit zu achten. In der Verfügung vom 7.9.1995 hat sich die OFD Frankfurt mit einer anderen Meinung zur Frage der Selbstlosigkeit bei Pferdezucht geäußert[115]. Darin wird die Auffassung vertreten, dass die mit den Pferderennen verbundenen positiven Wirkungen für den Züchter bzw. Pferdebesitzer nicht als Verstoß gegen die Selbstlosigkeit im Sinne des § 55 AO zu werten sei. Diese Beurteilung ist meiner Einschätzung nicht frei von Zweifeln. Die eigenwirtschaftlichen Vorteile, die bezahlten Sportlern von gemeinnützigen Sportvereinen gewährt werden, sind meiner Einschätzung dem Grunde nach mit den wirtschaftlichen Vorteilen vergleichbar, die den Pferdebesitzern und -züchtern von den Pferderennvereinen vermittelt werden. Der Gesetzgeber hat die insoweit bestehenden Fragen der

---
[112] Vgl. RFH v. 17.7.1930, RStBl. 1930, S. 702
[113] Vgl. Werner, Verein, S. 107
[114] Vgl. BFH v. 13.12.1978, BStBl. 1979 II, S. 482
[115] Vgl. OFD Frankfurt v. 7.9.1995, StEK AO 1977, Nr. 83 zu § 52 AO

Selbstlosigkeit gezielt für den Bereich des Sports mit Einfügung der §§ 67 a und 58 Nr. 9 AO gelöst. Pferderennvereine fördern die Tierzucht. Mangels einer den §§ 67 a und 58 Nr. 9 AO vergleichbaren Regelungen für Pferderennvereine sind die Pferderennen meines Erachtens entgegen der Auffassung der OFD Frankfurt[116] als steuerpflichtige wirtschaftliche Geschäftsbetriebe nach § 64 AO einzustufen. Wenn diese Aktivitäten zusammen mit den übrigen steuerpflichtigen wirtschaftlichen Geschäftsbetrieben wie dem Totalisator, der Werbung usw. den Hauptzweck des Vereins bilden, ist den Pferderennvereinen die Gemeinnützigkeit insgesamt zu versagen.

Fehlt es an einer selbstlosen Förderung der steuerbegünstigten Zwecke, können der betreffenden Körperschaft die Steuervergünstigungen nicht zuerkannt werden. Ändert eine Körperschaft nach vorheriger Anerkennung der Gemeinnützigkeit ihre Aktivitäten mit der Folge, dass keine Selbstlosigkeit im Sinne des § 55 AO mehr angenommen werden kann, ist die Gemeinnützigkeit zu versagen. Gegebenenfalls greift auch die Versteuerung für die vorherigen Veranlagungszeiträume[117].

3.4.2.2 Ausgesuchte Einzelfälle

Bei einem Zusammenschluss von Gewerbetreibenden oder von Land- und Fortwirten kann stets von der Vermutung ausgegangen werden, dass ihrem Handeln ein eigenwirtschaftliches Interesse zugrunde liegt. Im Regelfall wird dadurch das eigene Unternehmen gefördert.

Selbstlosigkeit ist deshalb regelmäßig zu verneinen z. B. bei:

- Berufsständischen Vereinigungen
- Fremdenverkehrsvereinen[118]
- Börsenvereinen[119]
- Wirtschaftsförderungsgesellschaften[120]

Selbstlosigkeit wird im Allgemeinen auch nicht vorliegen bei Vereinigungen, die Gemeinforschung betreiben, wenn die Mitglieder an den Forschungsergebnissen ein wirtschaftliches Interesse haben oder an der Durchführung von Forschungsaufträgen beteiligt werden.

---

[116] Vgl. OFD Frankfurt v. 7.9.1995, StEK AO 1977, Nr. 83 zu § 52 AO
[117] Vgl. Boochs, Steuerhandbuch für Vereine, Verbände und Stiftungen, S. 213 f.
[118] Vgl. RFH v. 20.5.1941, RStBl. 1941 S. 506; OFD Frankfurt v. 27.10.1995, DB 1995, S. 2500
[119] Vgl. BFH v. 16.11.1954, BStBl. 1955 III, S.12
[120] Vgl. BFH v. 21.5.1997, BFH/NV 1997, S. 904

Das wird z. B. der Fall sein, wenn sich verschiedene Industrieunternehmen zu einer Forschungseinrichtung zusammenschließen und ihre Ergebnisse den beteiligten Unternehmen exklusiv zur Verfügung stellen[121].

Die von einem Verein oder einer GmbH getragene Lehrwerkstatt, in der nur oder in der Hauptsache Lehrlinge von Mitglieder- oder Gesellschaftsbetrieben ausgebildet werden, fördert im Allgemeinen eigenwirtschaftliche Zwecke der Mitglieder. Ebenso hat das Niedersächsische FG eine Gesellschaft, die Bestattungen aller Art gegen Entgelt zu Selbstkosten ausgeführte, nicht als gemeinnützig anerkannt. Im Vordergrund der Tätigkeit der Gesellschaft stehe die Erfüllung persönlicher Pflichten der Einzelnen[122]. Der BFH macht deutlich, dass „zu Selbstkosten" nicht mit Selbstlosigkeit i. S. des § 55 AO gleichgesetzt werden kann[123].

Eine privatrechtliche Gesellschaft, die Hoheitsträger zur Erfüllung der ihm gesetzlich zugewiesenen Pflichtaufgaben eingeschaltet hat, ist wegen fehlender Selbstlosigkeit nicht gemeinnützig[124].

Mit dem Sammeln und Verwerten von Abfall begründen entsprechende Unternehmen einen einheitlichen steuerpflichtigen wirtschaftlichen Geschäftsbetrieb[125]. Ist diese wirtschaftliche Tätigkeit der alleinige Zweck der Körperschaft oder steht sie im Vordergrund ihres Wirkens, ist die Körperschaft nicht steuerbegünstigt[126].

Eine Körperschaft, die zur Förderung ihres Satzungszwecks Preise verleiht, kann grundsätzlich als gemeinnützig anerkannt werden. So gibt es zahlreiche Vereine und Stiftungen, die z. B. für besondere wissenschaftliche, kulturelle oder sportliche Leistungen oder auch für ein besonderes Engagement in der Gesellschaft einen Preis ausloben. Die Person, die den Preis in Empfang nimmt, erlangt zwar von der Körperschaft ganz gezielt einen wirtschaftlichen Vorteil. Da die Körperschaft mit der Auslobung des Preises jedoch gerade eine allgemeine Hebung und Förderung der verfolgten Zwecke erreichen will, ist die Selbstlosigkeit nach § 55 AO nicht gefährdet. Dabei muss jedoch sichergestellt sein, dass die Allgemeinheit über die Preisverleihung und die prämierte Leistung informiert wird. Bei einem Stipendium sind die Förderleistungen grundsätzlich so zu bemessen, dass sie die

---

[121] Vgl. Thiel, DB 1996, S. 1944
[122] Vgl. Niedersächsisches FG v. 16.6.1983, S. 84; BFH v. 20.7.1988, BFH/NV 1989, S. 479
[123] Vgl. BFH v. 15.12.1993, BStBl. 1994 II, S.314
[124] Vgl. BMF-Schreiben v. 27.12.1990, BStBl. 1991 I, S. 81
[125] Vgl. BFH v. 27.10.1993, BStBl. 1994 II, S. 314
[126] Vgl. OFD Magdeburg v. 14.8.1995, DB 1995, S. 1887

tatsächlichen Aufwendungen des Begünstigten für die zu unterstützenden Aktivitäten nicht übersteigen. Dies schließt die Alimentation des Begünstigten nicht aus, soweit er durch seine Tätigkeit gehindert ist, am Erwerbsleben teilzunehmen[127].

3.4.2.3 Die Mittelverwendung

Dem Fragenkomplex der korrekten Mittelverwendung kommt eine besondere Bedeutung zu. Da insbesondere Verstöße gegen das Mittelverwendungsgebot die Gemeinnützigkeit gefährden können, ist den steuerbegünstigten Körperschaften anzuraten, diesem Bereich besondere Aufmerksamkeit zu widmen.

Unter Mittel sind alle Einnahmen des Vereins, auch Spenden, Mitgliedsbeiträge und etwaige Gewinne aus zulässigen wirtschaftlichen Geschäftsbetrieben oder Zweckbetrieben oder der Überschuss aus der Vermögensverwaltung, zu verstehen.

Eine gemeinnützige Körperschaft verstößt gegen das Gebot der Selbstlosigkeit, wenn sie Spendenmittel nicht überwiegend für die Verwirklichung ihrer steuerbegünstigten Zwecke verwendet[128]. Unzulässig ist es, mit Mitgliedsbeiträgen ein Vereinsheim zu erstellen, das Bestandteil der Vermögensverwaltung wird und nicht dem Satzungszweck Förderung des Sports zugeordnet werden kann. Andererseits ist es meiner Einschätzung möglich Vereinsmittel als Kapitalausstattung für einen Geschäftsbetrieb zu verwenden, wenn geplant ist, diese Mittel aus Überschüssen zurückzuzahlen.

Die Bindung der Mittelverwendung schließt nicht aus, dass im wirtschaftlichen Geschäftsbetrieb freie Rücklagen gebildet werden, die bei vernünftiger kaufmännischer Beurteilung wirtschaftlich begründet sind[129]. Es muss ein konkreter Anlass für die Bildung der Rücklage gegeben sein, der auch aus objektiver unternehmerischer Sicht die Bildung der Rücklage rechtfertigt, wie z. B. eine geplante Betriebsverlegung, Werkserneuerung, Kapazitätsausweitung. Ob diese Voraussetzung vorliegt, muss der Verein bei dem für ihn zuständigen Finanzamt im Einzelnen darlegen, wobei einleuchtende und zweckbezogene Gründe genügen müssten. Die Auflösung einer solchen Rücklage führt ebenfalls nicht zum Verlust der Steuerbegünstigung, wenn die angesammelten Beträge ihrem steuerbegünstigten Zweck entsprechend verwendet werden.

---

[127] Vgl. Kirchhof in Kirchhof/Söhn, Kommentar zum EStG, Anm. B 174 zu § 10 b EStG
[128] Vgl. BFH v. 23.9.1998, BStBl. 2000 II, S. 320
[129] Vgl. AEAO Nr. 2 und 8 zu § 55

Im Bereich der Vermögensverwaltung dürfen außerhalb der Regelung des § 58 Nr. 7 AO Rücklagen nur für die Durchführung konkreter Reparatur- und Erhaltungsmaßnahmen an Vermögensgegenständen im Bereich der Vermietung und Verpachtung gebildet werden. Die Maßnahmen, für deren Durchführung die Rücklage gebildet wird, müssen notwendig sein, um den ordnungsgemäßen Zustand des Vermögensgegenstandes zu erhalten oder wiederherzustellen und in einem angemessenen Zeitraum durchgeführt werden können[130].

Die Verwendung von Mitteln, die zeitnah für die steuerbegünstigten Zwecke zu verwenden sind, für die Ausstattung einer Stiftung mit Vermögen ist ein Verstoß gegen das Gebot der zeitnahen Mittelverwendung.

Verluste im wirtschaftlichen Geschäftsbetrieb oder im Bereich der Vermögensverwaltung haben nicht notwendigerweise den Verlust der Gemeinnützigkeit zur Folge, wenn sie innerhalb eines Jahres wieder ausgeglichen werden[131].

Unterhält ein Verein mehrere wirtschaftliche Geschäftsbetriebe, so sind die in den einzelnen Betrieben erzielten Ergebnisse zu saldieren. Ein nach der Saldierung verbleibender Verlust ist unschädlich, wenn die Zuführungen aus dem wirtschaftlichen Geschäftsbetrieb zum ideellen Bereich in den letzten sechs Jahren mindestens so hoch wie der Verlust waren. Ein nach ertragsteuerlichen Grundsätzen ermittelter Verlust eines steuerpflichtigen wirtschaftlichen Geschäftsbetriebs ist für die Gemeinnützigkeit der Körperschaft unschädlich, wenn er ausschließlich durch die Berücksichtigung von anteiligen Abschreibungen auf gemischt genutzte Wirtschaftsgüter entstanden ist und folgende Voraussetzungen erfüllt sind:

- Das Wirtschaftsgut wurde für den ideellen Bereich angeschafft oder hergestellt und wird nur zur besseren Kapazitätsauslastung und Mittelbeschaffung teil- und zeitweise für den steuerpflichtigen wirtschaftlichen Geschäftsbetrieb genutzt. Die Körperschaft darf nicht schon im Hinblick auf eine zeit- oder teilweise Nutzung für der steuerpflichtigen wirtschaftlichen Geschäftsbetrieb ein größeres Wirtschaftsgut angeschafft oder hergestellt haben, als es für die ideelle Tätigkeit notwendig war.

- Die Körperschaft verlangt für die Leistungen des steuerpflichtigen wirtschaftlicher Geschäftsbetriebs marktübliche Leistungen.

---
[130] Vgl. Schauhoff, Handbuch der Gemeinnützigkeit, Rz. 20 f.
[131] Vgl. BFH v. 13.11.1996, BFH/NV 1997 R 105

- Der steuerpflichtige wirtschaftliche Geschäftsbetrieb bildet keinen eigenständigen Sektor eines Gebäudes, z. B. der Gaststättenbetrieb in einer Sporthalle.
- Die Grundsätze gelten entsprechend für die Berücksichtigung anderer gemischter Aufwendungen, z. B. den zeitweise Einsatz von Personal des ideellen Bereichs in einem steuerpflichtigen wirtschaftlichen Geschäftsbetrieb bei der gemeinnützigkeitsrechtlichen Beurteilung von Verlusten[132].

Unter bestimmten Umständen ist es unschädlich Verluste eines steuerpflichtigen wirtschaftlichen Geschäftsbetriebes mit Mitteln des ideellen Bereichs auszugleichen, wenn:

- Der Verlust auf einer Fehlkalkulation beruht,
- die Körperschaft innerhalb von 12 Monaten nach Ende des Wirtschaftsjahrs, in dem der Verlust entstanden ist, dem ideellen Tätigkeitsbereich wieder Mittel in entsprechender Höhe zuführt und
- die zugeführten Mittel nicht aus Zweckbetrieben, aus dem Bereich der steuerbegünstigten Vermögensverwaltung, aus Beiträgen oder aus anderen Zuwendungen, die zur Förderung der steuerbegünstigten Zwecke der Körperschaft bestimmt sind, stammen[133].

Zum Ausgleich von Verlusten kann die Körperschaft Gewinne des steuerpflichtigen wirtschaftlichen Geschäftsbetriebes, der in dem Jahr nach der Entstehung des Verlustes erzielt wird, dem ideellen Bereich zuführen. Außerdem können für den Ausgleich des Verlustes dafür bestimmte Umlagen und Zuschüsse verwendet werden. Derartige Zuwendungen stellen dann jedoch keine steuerbegünstigten Spenden dar.

Beim Aufbau eines neuen wirtschaftlichen Geschäftsbetriebs, z. B. eines selbstbewirtschafteten Vereinsheimes können Mittel aus dem ideellen Bereich zum Verlustausgleich verwendet werden, wenn mit Anlaufverlusten zu rechnen war. In diesem Fall muss die Körperschaft die aus dem ideellen Bereich entnommenen Mittel in der Regel innerhalb von drei Jahren diesem wieder zuführen.

Bei älteren, schon länger bestehenden wirtschaftlichen Geschäftsbetrieben kann unterstellt werden, dass die Verluste auf einer Fehlkalkulation beruhen.

---

[132] Vgl. BMF – Schreiben v. 19.10.1998, BStBl. 1998 I, S. 1423
[133] Vgl. BFH v. 13.11.1996, BStBl. 1998 II, S. 711

Der Verein muss die Mittel grundsätzlich zeitnah für die steuerbegünstigten satzungsmäßigen Zwecke verwenden. Verwendung in diesem Sinne ist auch die Verwendung der Mittel für die Anschaffung oder Herstellung von Vermögensgegenständen, die satzungsmäßigen Zwecken dienen. Die Bildung von Rücklagen ist nur unter den Voraussetzungen des § 58 Nr. 6 und 7 AO zulässig, ausgenommen sind die Rücklagen in einem steuerpflichtigen wirtschaftlichen Geschäftsbetrieb und Rücklagen im Bereich der Vermögensverwaltung.

Eine zeitnahe Mittelverwendung ist gegeben, wenn die Mittel spätestens in dem auf den Zufluss folgenden Kalender- oder Wirtschaftsjahr für die steuerbegünstigten satzungsmäßigen Zwecke verwendet werden[134]. Am Ende des Kalender- oder Wirtschaftsjahres noch vorhandene Mittel müssen in der Bilanz oder Vermögensaufstellung des Vereins zulässigerweise dem Vermögen oder einer zulässigen Rücklage zugeordnet oder als im zurückliegenden Jahr zugeflossene Mittel, die im folgenden Jahr für die steuerbegünstigten Zwecke zu verwenden sind, ausgewiesen sein. Soweit Mittel nicht schon im Jahr des Zuflusses für die steuerbegünstigten Zwecke verwendet oder zulässigerweise dem Vermögen zugeführt werden, muss ihre zeitnahe Verwendung durch eine Nebenrechnung – sog. Mittelverwendungsrechnung - nachgewiesen werden.

Nach Auffassung der Finanzverwaltung darf eine steuerbegünstigte Körperschaft aus Mitteln, die sie zeitnah für ihre steuerbegünstigten Zwecke verwenden muss, unter bestimmten Umständen auch Darlehen vergeben. Die Vergabe von Darlehen aus diesen Mitteln ist dann unschädlich für die Gemeinnützigkeit, wenn die Körperschaft damit selbst unmittelbar ihre steuerbegünstigten satzungsmäßigen Zwecke verwirklicht[135].

Die Vergabe von Darlehen aus zeitnah für die steuerbegünstigten Zwecke zu verwendenden Mitteln an andere steuerbegünstigte Körperschaften ist im Rahmen des § 58 Nr. 1 und 2 AO zulässig, wenn die andere Körperschaft die darlehensweise erhaltenden Mittel unmittelbar für steuerbegünstigte Zwecke innerhalb der für eine zeitnahe Mittelverwendung vorgeschriebene Frist verwendet.

Darlehen, die zur unmittelbaren Verwirklichung der steuerbegünstigten Zwecke vergeben werden, sind im Rechnungswesen entsprechend kenntlich zu machen. Es muss sichergestellt und für die Finanzbehörden nachprüfbar sein, dass die Rückflüsse wieder zeitnah für die steuerbegünstigten Zwecke verwendet werden.

---

[134] Vgl. AEAO Nr. 9 zu § 55
[135] Vgl. BMF – Schreiben v. 14.12.1994, BStBl. 1995 I, S. 40

Die Vergabe von Darlehen ist als solches kein gemeinnütziger Zweck. Sie darf deshalb nicht Satzungszweck einer gemeinnützigen Körperschaft sein. Es ist jedoch unschädlich für die Gemeinnützigkeit, wenn die Vergabe von zinsgünstigen oder zinslosen Darlehen nicht als Zweck, sondern als Mittel zur Verwirklichung des steuerbegünstigten Zwecks in der Satzung der Körperschaft aufgeführt ist.

Kein Verstoß gegen das Mittelverwendungsgebot liegt vor, wenn dem Vereinsmitglied ein nachgewiesener und angemessener Aufwand ersetzt wird oder ihm die tatsächlichen Kosten erstattet werden[136]. Gemeinnützigkeitsschädlich sind dagegen wertvolle Geschenke auch an verdienstvolle Mitglieder, anders wenn es sich lediglich um Annehmlichkeiten handelt, wie sie im Rahmen der Betreuung von Mitgliedern allgemein üblich und nach der allgemeinen Verkehrsauffassung als angemessen anzusehen sind[137]. Einem verstorbenen Mitglied kann man nichts zuwenden. Insoweit ist die Verwendung von Mitteln für den Kauf eines Kranzes für die Beerdigung eines Mitgliedes keine Zuwendung und insoweit nicht gemeinnützigkeitsschädlich.

Die Erzielung von Gewinnen ist zwar bei begünstigten Vereinen zulässig, jedoch ist zwingend vorgeschrieben, dass die Verwendung der Gewinne ausschließlich, d. h. in voller Höhe für die satzungsmäßigen Zwecke erfolgen muss. Die Mitglieder des Vereins dürfen in keinem Falle irgendwelche Gewinnanteile erhalten, und dieses ausdrückliche Verbot erstreckt sich auch auf verdeckte Gewinnausschüttungen oder sonstige Zuwendungen.

Nach § 55 Abs. 1 Nr. 1 AO darf eine gemeinnützige Körperschaft ihre Mittel weder unmittelbar noch mittelbar zur Unterstützung oder Förderung politischer Parteien verwenden. Dies gilt insbesondere für gemeinnützige Körperschaften, die die allgemeine Förderung des demokratischen Staatswesens betreiben, da der Zweck dieser Körperschaft in den beispielhaften Aufzählungen gemeinnütziger Zwecke des § 52 Abs. 2 AO aufgenommen worden ist.

3.4.2.4 Die Anteile und Einlagen

Die Mitglieder dürfen bei ihrem Ausscheiden oder bei Auflösung oder Aufhebung des Vereins gem. § 55 Abs. 1 AO nicht mehr als ihre eingezahlten Kapitalanteile und den gemeinen Wert ihrer geleisteten Sacheinlagen zurückerhalten. Unentgeltlich zur Verfügung gestellte Vermögensgegenstände, für die keine Gesellschaftsrechte eingeräumt sind, fallen

---

[136] Vgl. BFH v. 3.12.1996, BStBl. 1997 II, S. 474
[137] Vgl. AEAO Nr. 3 zu § 55 AO

nicht unter das Rückgabeverbot. An etwaigen Wertsteigerungen des Vereinsvermögens während des Bestehens des Vereins nehmen die Vereinsmitglieder nicht teil, derartige Wertsteigerungen bleiben für die steuerbegünstigten Zwecke gebunden.

Hat z. B. ein Golfverein von seinen Vereinsmitgliedern zur Erweiterung seiner Golfanlage ein Darlehen eingefordert und scheidet ein Vereinsmitglied aus dem Verein aus, so darf der Verein nur den Darlehensbetrag zuzüglich etwaiger Zinsen, nicht jedoch einen höheren Betrag, z. B. wegen Wertsteigerungen bei den Immobilien zurückgewähren.

Bei der Ermittlung des gemeinen Werts zurückerhaltener Sacheinlagen kommt es auf die Verhältnisse zu dem Zeitpunkt an, in dem die Sacheinlagen geleistet worden sind[138]. Wird das Wirtschaftsgut selbst zurückgegeben und ist der gemeine Wert im Zeitpunkt der Rückgabe höher als im Zeitpunkt der Einlage, so muss der Empfänger den Unterschiedsbetrag in Geld ausgleichen. Soweit Kapitalanteile und Sacheinlagen von der Vermögensbindung ausgenommen sind, kann von dem Gesellschafter nicht die Steuerbegünstigung des § 10 b EStG, § 9 Abs. 1 Nr. 2 KStG in Anspruch genommen werden[139].

3.4.2.5 Die Ausgaben und Vergütungen

Der Verein darf gem. § 55 Abs. 1 Nr. 3 AO keine Person durch Ausgaben, die dem Zweck des Vereins fremd sind, oder durch unverhältnismäßig hohe Vergütungen begünstigen. Fremde Ausgaben sind alle Aufwendungen, die zur ausschließlichen Verfolgung der begünstigten Zwecke nicht unmittelbar notwendig sind.

Eine Körperschaft kann nicht als gemeinnützig anerkannt werden, wenn ihre Ausgaben für die allgemeine Verwaltung einschließlich der Werbung um Spenden einen angemessenen Rahmen übersteigen. Der Rahmen wird überschritten, wenn eine Körperschaft, sie sich weitgehend durch Geldspenden finanziert, diese nach einer Aufbauphase überwiegend zur Bestreitung von Ausgaben für Verwaltung und Spendenwerbung statt für die Verwirklichung der steuerbegünstigten satzungsmäßige Zwecke verwendet[140]. Der BFH hat die Höhe der Verwaltungsausgaben einschließlich Spendenwerbung ins Verhältnis zu den Spendeneinnahmen gesetzt. Dies ist dahingehend zu verallgemeinern, dass die Verwaltungsausgaben einschließlich Spendenwerbung ins Verhältnis zu den gesamten vereinnahmten Mitteln zu setzen sind. Der BFH hat in seinem Beschluss nicht beanstandet, dass die Ausgaben

---

[138] Vgl. § 55 Abs. 2 AO
[139] Vgl. AEAO Nr. 14 zu § 55
[140] Vgl. BFH v. 23.9.1998, BStBl. 2000 II, S. 320

der Körperschaft für Verwaltung und Spendenwerbung in den ersten vier Jahren nach der Gründung die Grenze von 50% der eingenommenen Geldspenden weit überschritten haben, und erst ab dem 5. Jahr die Einhaltung dieser Grenzen verlangt. Hieraus kann nicht geschlossen werden, dass generell eine Aufbauphase von vier Jahren, in der höhere anteilige Ausgaben für die Verwaltung und Spendenwerbung zulässig sind, zugestanden werden muss. Der BFH hat neben den besonderen Aufgaben und der Struktur der Körperschaft auch noch berücksichtigt, dass nach der Aberkennung der Gemeinnützigkeit und dem dadurch verursachten starken Rückgang der Spendeneinnahmen eine 2. Aufbauphase erforderlich war. Der vom BFH zugestandene Zeitraum von 4 Jahren ist deshalb als Obergrenze zu verstehen. In der Regel ist von einer kürzeren Aufbauphase auszugehen. Der BFH hat in seinem Beschluss keine allgemeine Grenze von 50% für die Angemessenheit von Verwaltungsausgaben einschließlich der Spendenwerbung festgelegt. Vielmehr kommt es für die Frage der Angemessenheit dieser Ausgaben entscheidend auf die Umstände des jeweiligen Einzelfalls an. Deshalb kann eine für die Gemeinnützigkeit schädliche Mittelverwendung auch schon bei einem deutlich geringeren prozentualen Anteil der Verwaltungsausgaben vorliegen.

Die Gemeinnützigkeit ist auch dann zu versagen, wenn das Verhältnis der Verwaltungsausgaben zu den Ausgaben für die steuerbegünstigten Zwecke zwar insgesamt nicht zu beanstanden, eine einzelne Verwaltungsausgabe aber nicht angemessen ist[141].

Zahlungen eines gemeinnützigen Sportvereins an einen anderen Verein für die Übernahme eines Sportlers sind dann als unschädlich für die Gemeinnützigkeit zu beurteilen, wenn lediglich die Ausbildungskosten für den wechselnden Sportler erstattet werden.

3.4.2.6 Die Vermögensbindung

Nach dem Grundsatz der Vermögensbindung darf bei Auflösung oder Aufhebung des Vereins oder bei Wegfall des bisherigen steuerbegünstigten Zwecks das Vermögen des Vereins, soweit es die eingezahlten Kapitalanteile der Mitglieder und den gemeinen Wert der von den Mitgliedern geleisteten Sacheinlagen übersteigt, nur für steuerbegünstigte Zwecke verwendet werden[142].

Durch den Grundsatz der Vermögensbindung an steuerbegünstigte Zwecke soll verhindert werden, dass Vermögen, das sich auf Grund der Steuervergünstigungen gebildet hat, später

---

[141] Dies ist in § 55 Abs. 1 Nr. 3 AO festgelegt.
[142] Vgl. § 55 Abs. 1 Nr. 4 AO

zu nicht begünstigten Zwecken verwendet wird. Das Vermögen eines ideellen Vereins, das sich vor dem Eintritt in die Steuerbegünstigung angesammelt hat, unterliegt ebenso der Vermögensbindung nach § 55 Abs. 1 Nr. 4 AO wie das Vermögen, welches seit dem Eintritt in die Steuerbegünstigung gebildet wurde[143].

Diese Vermögensbindung muss in der Satzung abgesichert sein[144]. Der Grundsatz der Vermögensbindung bedeutet, dass das nach Auszahlung an die Mitglieder verbleibende Restvermögen in jedem Fall wieder der Verfolgung gemeinnütziger, mildtätiger oder kirchlicher Zwecke zugeführt werden muss. Es ist allerdings auch möglich, dass das Restvermögen für einen anderen als den bisher verfolgten begünstigten Zweck zur Verfügung gestellt wird. Die Voraussetzung der Vermögensbildung ist auch erfüllt, wenn das Vermögen einem anderen steuerbegünstigten Verein oder einer anderen steuerbegünstigten Körperschaft zur Verfügung gestellt wird.

Werden die Bestimmungen über die Vermögensbindung nachträglich so geändert, dass sie den Anforderungen des § 55 Abs. 1 Nr. 4 AO und § 61 AO nicht mehr entsprechen, so gelten sie von Anfang an als steuerlich nicht ausreichend. Ausnahmen von der Vermögensbindung enthält § 62 AO für Betriebe gewerblicher Art von Körperschaften des öffentlichen Rechts, für staatlich beaufsichtigte Stiftungen, bei den von einer Körperschaft des öffentlichen Rechts verwalteten unselbständigen Stiftungen und für geistliche Genossenschaften.

Die Vermögensbindung gilt auch beim Zusammenschluss oder der Verschmelzung von zwei gemeinnützigen Vereinen. Dabei muss der Verein, der aufgelöst werden soll, in der Satzungsbestimmung über die Vermögensbindung den aufnehmenden Verein als Empfänger seines Vermögens angeben.

Es fehlt an einer ausreichenden satzungsmäßigen Vermögensbindung, wenn für den Fall der Auflösung der steuerbegünstigten Körperschaft eine ausländische Körperschaft als Vermögensempfänger benannt wird[145].

3.4.3 Ausschließlichkeit

Nach § 56 AO müssen die begünstigten Zwecke ausschließlich verfolgt werden. Dies ist nur der Fall, wenn in der Satzung keine anderen Zwecke vorgesehen sind und nach der

---

[143] Vgl. FM Hessen v. 28.6.1993, DStR, S. 1296
[144] Vgl. BFH v. 3.9.1999, BFH/NV 2000, S. 301
[145] Vgl. OFD Hannover, DB 2000, S. 597

tatsächlichen Geschäftsführung auch keine anderen Zwecke verfolgt werden. Betroffen ist die gesamte Tätigkeit der Körperschaft, schon einmaliges Abweichen vom gemeinnützigen Ziel oder Satzungszweck wäre schädlich[146].

Die Vorschrift ist durch zahlreiche Ausnahmen gekennzeichnet und hat deshalb nur grundsätzliche Bedeutung. So ist schon immer neben dem begünstigten Zweck eine eigenwirtschaftliche Betätigung möglich[147], sofern sie nur nicht in erster Linie[148] verfolgt wird, und konsequenterweise auch die Unterhaltung von Zweckbetrieben, die allerdings von der Satzung gedeckt sein müssen[149]. Auch die Vermögensverwaltung verstößt nicht gegen § 56 AO[150] und die Tilgung von z. B. mit dem Stiftungsgeschäft übernommenen Schulden ist unschädlich[151]. Die Erhaltung des Vermögens, aus dem die Mittel für den begünstigten Zweck fließen, aber auch die Vermögensverwaltung selbst dienen dem Hauptzweck und sind keine selbständigen Zwecke. Eine dies feststellende Satzungsbestimmung beeinträchtigt deshalb die Ausschließlichkeit ebenso wenig wie die entsprechende tatsächliche Geschäftsführung[152].

Umstritten ist in diesem Zusammenhang insbesondere die Pflege der Geselligkeit durch Vereine, da das Gesetz gesellige Zusammenkünfte untergeordneter Bedeutung ausdrücklich gestattet gem. § 58 Nr. 8 AO. Die Pflege der Geselligkeit darf allerdings nicht wie bei typischen Geselligkeitsvereinen[153] überwiegen und auf keinen Fall Satzungszweck sein[154]. Wenn nämlich die Pflege der Geselligkeit eine ausschlaggebende Rolle spielt, ist die Ausschließlichkeit nicht mehr gegeben. Das wurde z. B. bei einem Verein ehemaliger Wehrmachtsangehörigen zur Pflege der Kameradschaft angenommen[155]. Zu weit geht die Forderung, schon die Satzung müsse bei Sportvereinen die Freizeitgestaltung ausschließen[156], in der heute sogar auf die Pflege der Kameradschaft hingewiesen werden kann[157].

---

[146] Vgl. Fischer, BB 1991, S. 1114; BFH v. 10.4.1991, BStBl. 1992 II, S. 41
[147] Vgl. RFH v. 23.7.1938, RStBl. 1938, S. 913; RFH v. 24.7.1937, RStBl. 1937, S. 1103; RFH v. 26.4.1938, RStBl. 1938, S. 582
[148] Vgl. BFH v. 26.4.1989, BStBl. 1989 II, S. 670
[149] Zu eng wohl BFH v. 10.4.1991, BStBl. 1992 II, S. 41, Thiel, DB 1993, S. 2542; klarstellend jetzt BFH v. 4.6.2003, BFH/NV 2003, S. 1458
[150] Vgl. BFH v. 24.7.1996, BStBl. 1996 II, S. 583; BFH v. 23.10.1991, BStBl. 1992 II, S. 62
[151] Vgl. BFH v. 21.1.1998, BStBl. 1998 II, S. 758, dazu BMF v. 6.11.1998, BStBl. 1998 II, S. 1446
[152] Vgl. BFH v. 23.10.1991, BStBl. 1992 II, S. 62
[153] Vgl. AEAO Nr. 19 zu § 58 und Nr. 12 zu § 52; BFH v. 23.10.1991, BStBl. 1992 II, S. 62
[154] Vgl. FG Berlin v. 25.6.1984, EFG 1985, S. 146 rkr.; OFD Saarbrücken v. 6.4.1998, StEK AO § 52 Nr. 110
[155] Vgl. BFH v. 31.10.1963, BStBl. 1964 III, S. 20
[156] So FG Berlin v.1.10.1981, EFG 1982, S. 372 rkr.
[157] Vgl. BFH v. 11.3.1999 V R 57, 58/96, BStBl. 1999 II, S. 331

Die steuerbegünstigten Zwecke, die gefördert werden sollen, müssen in der Satzung angegeben sein. Soll ein begünstigter Zweck verfolgt werden, bei dem dies nicht der Fall ist, so wäre eine entsprechende Satzungsänderung erforderlich. Ein Verein, der nach seiner Satzung sowohl gemeinnützige als auch nicht gemeinnützige Zwecke verfolgt, kann nicht anerkannt werden. Eine Aufteilung in einen steuerfreien und einen steuerpflichtigen Teil ist nicht möglich[158]. Aber es können grundsätzlich mehrere begünstigte Zwecke gleichzeitig nebeneinander verfolgt werden. In vielen Fällen werden sich auch gemeinnützige und mildtätige, gemeinnützige und kirchliche Zwecke oder mildtätige und kirchliche Zwecke überschneiden, was zulässig ist[159].

Beispiele fehlender Ausschließlichkeit sind u. a. dann gegeben, wenn ein religiöser Verein außer religiösen Schriften auch Bücher anderer Art vertreibt[160], wenn eine Stiftung, deren Zweck es ist, billige Wohnungen zu bauen, auch Wohnungen an nicht bedürftige Mieter vermietet[161], wenn ein Pflegeheim, das mildtätige Zwecke verfolgt, auch Insassen mit erheblichen Einnahmen aufnimmt[162], so dass die zulässigen Grenzen nicht mehr eingehalten sind[163].

Die Ausschließlichkeit ist bei Vereinen verletzt, wenn Internetvereine sich nicht auf die Schaffung kostengünstiger Zugänge der Mitglieder beschränken[164], ein Verein mit dem gemeinnützigen Zweck „Tierzucht" daneben „Rassengeflügel- und Kaninchenzucht nach ästhetischen Gesichtspunkten" betreibt[165], wenn ein Studentenverband sich im Wesentlichen allgemein-politisch betätigt[166] und wenn ein sog. Freizeitwinzerverein lt. Satzung auch Winzerfeste veranstaltet[167]. Die Verwendung des Vereinsnamens als Werbeträger soll selbst dann nicht gegen das Ausschließlichkeitsgebot verstoßen, wenn dies die Satzung vorsieht, da die damit erzielten Werbeeinnahmen Einnahmen aus einem wirtschaftlichen Geschäftsbetrieb sind[168]. Eine Bürgerinitiative, die neben den als gemeinnützig anerkannten Zwecken auch politische Ziele verfolgt, dient ebenfalls nicht ausschließlich gemeinnüt-

---

[158] Vgl. RFH v. 4.7.1942, BStBl. 1942, S. 747; BFH v. 20.12.1978, BStBl. 1979 II, S. 496
[159] Vgl. Wallenhorst in Troll/Wallenhorst/Halaczinsky, Die Besteuerung gemeinnütziger Vereine, Stiftungen und der juristischen Personen des öffentlichen Rechts, Kap. C Rz. 41
[160] Vgl. RFH v. 26.4.1938, RStBl. 1938, S. 582
[161] Vgl. RFH v. 28.11.1942, RStBl. 1942, S. 1100
[162] Vgl. BFH v. 4.7.1972, BStBl. 1972 II, S. 746
[163] FG Niedersachsen v. 8.2.1991, BB 1992, S. 1544 rkr.
[164] Vgl. OFD München v. 6.2.1996, StEK AO § 52 Nr. 91
[165] Vgl. BFH v. 28.11.1990, BFH/NV 1992, S. 90
[166] Vgl. FG Köln v. 19.5.1998, EFG 1998, S. 1665 rkr.
[167] FM Saarland v. 4.3.1998, StEK AO § 52 Nr. 110
[168] Vgl. Klein, DStR 1985, S. 391

zigen Zwecken, wogegen die nur gelegentliche Stellungnahme zu tagespolitischen Themen bei einem auf Förderung des Friedens gerichteten Verein unschädlich ist[169]. Die Spendenfinanzierung einer Infrastrukturmaßnahme im Ausland durch einen Verein mit dem Gegenstand der Völkerverständigung liegt wohl gerade noch im Bereich der gemeinnützigen Tätigkeit[170].

Ob gegen den Grundsatz der Ausschließlichkeit verstoßen wird, hängt im Einzelfall auch davon ab, ob er nichtbegünstigte Zweck ein selbständiger Hauptzweck oder nur ein unentbehrlicher Nebenzweck des an sich begünstigten Hauptzwecks ist[171]. Es ist auch zu unterscheiden zwischen dem Zweck selbst und einem bloßen Mittel zum Zweck, das die Gemeinnützigkeit noch nicht ausschließt. Dies gilt für alle Geschäfte, welche die Erfüllung des Hauptzwecks erst ermöglichen, ohne selbst begünstigt zu sein. Die Abgrenzung der Fälle, in denen ein nichtbegünstigter Nebenzweck das Gebot der Ausschließlichkeit verletzt, und der Fälle, in denen, ohne die Ausschließlichkeit im Übrigen zu beeinträchtigen, ein steuerschädlicher wirtschaftlicher Geschäftsbetrieb angenommen werden kann, ist nicht immer einfach. In erster Linie kommt es hier darauf an, ob die nichtbegünstigte Betätigung als ausdrücklicher Satzungszweck angegeben ist oder ob sie, wenn dies nicht der Fall ist, nach der tatsächlichen Geschäftsführung im Vordergrund der Tätigkeit steht. Ein gutes Beispiel für bestehende Abgrenzungsprobleme bieten die Pferderennvereine mit ihrem noch zulässigen Nebenzweck ‚Totalisator'[172].

3.4.4 Unmittelbarkeit

3.4.4.1 Grundsatz

§ 57 Abs. 1 AO nennt als weiteren Grundsatz für die Anerkennung der Steuerbegünstigung die Unmittelbarkeit. Eine Steuerbegünstigung wegen Verfolgung gemeinnütziger, mildtätiger, kirchlicher Zwecke kann also nur dann erfolgen, wenn die Zwecke auch unmittelbar – der Verein muss sie grundsätzlich selbst verwirklichen – verfolgt werden[173]. Der begünstigte Zweck wird auch dann noch verwirklicht, wenn die Körperschaft als Beauftragter

---

[169] Vgl. BFH v. 23.11.1988, BStBl. 1989 II, S. 391
[170] Vgl. FG Bremen v. 29.10.1998, EFG 1999, S. 526 rkr.
[171] Vgl. BFH v. 30.9.1981, BStBl. 1982 II, S. 148
[172] Vgl. RFH v. 23.7.1938, RStBl. 1938, S. 913; BFH v. 24.2.1953, BStBl. 1953 III, S. 109; OFD Frankfurt v. 25.2.2003, S 0171 A – 69 – St II 12
[173] Vgl. BFH v. 23.10.1991, BStBl. 1992 II, S. 62; BFH v. 26.4.1990, BStBl. 1991 II, S. 268

öffentlicher Auftraggeber gemeinnützige Dienstleistungen an Dritte erbringt[174]. Bei gemeinsamen Veranstaltungen mit anderen Organisationen wird es für die Beurteilung der Unmittelbarkeit darauf ankommen, ob der Verein die Verantwortung für den Veranstaltungsinhalt trägt[175]. Ein Verstoß gegen den Grundsatz der Unmittelbarkeit macht die Körperschaft insgesamt steuerpflichtig, ohne dass Abgrenzungen zur wirtschaftlichen Tätigkeit oder zur Vermögensverwaltung noch eine Rolle spielen. Dies gilt schon aus Gründen der Wettbewerbsneutralität[176].

3.4.4.2 Die Hilfspersonen

Die Körperschaft darf sich bei ihrer Betätigung auch natürlicher und juristischer Personen bedienen. Hilfspersonen i.S. des § 57 Abs. 1 AO sind also nicht nur die Abgestellten und Mitglieder der Körperschaft, sondern auch selbstständige und von der Körperschaft unabhängige Personen, wenn sie nach den Weisungen der Körperschaft einen entsprechenden Auftrag ausführen. Die Körperschaft muss eine ausreichende Einwirkungsmöglichkeit auf die ausführende Person haben. Dies ist nicht mehr der Fall, wenn z. B. ein Verein seine satzungsmäßigen Aktivitäten einer Werbeagentur zur selbständigen Erledigung überträgt[177] oder wenn ein Sportverein nur auf fremden Sportanlagen tätig werden kann, an denen ihm nur ein Mitnutzungsrecht, nicht aber ein volles Nutzungsrecht i. S. eines Mietverhältnisses zusteht und dem Eigentümer der Sportanlage weitgehende Rechte gegenüber dem Verein zustehen[178]. Erforderlich ist nicht, dass die Hilfsperson nach außen im Namen und auf Rechnung der steuerbegünstigten Körperschaft auftritt.

Hilfspersonen in diesem Sinne sind nicht nur Angestellte und Mitglieder, sondern auch selbständige und unabhängige natürliche und juristische Personen, die nach ihren Weisungen einen entsprechenden Auftrag ausführen. So wurde die Tätigkeit eines weitgehend selbständigen Verwalters der Körperschaft direkt zugerechnet[179]. Fehlt die Weisungsgebundenheit wie etwa bei einer gegen prozentuale Umsatzbeteiligung arbeitenden Werbe-

---

[174] Vgl. FG Berlin v. 15.1.2002, EFG 2002, S. 518 rkr.
[175] Vgl. FG Hamburg v. 8.12.1997, EFG 1998, S. 916 rkr.
[176] Vgl. Güroff in Glanegger/Güroff, Kommentar zum Gewerbesteuergesetz, § 3 Anm. 56; anderer Ansicht Gruß, DStZ 1966, S. 284
[177] Vgl. FG München v. 7.5.2001, EFG 2001, S. 1178; großzügiger die Revisionsentscheidung BFH v. 18.12.2002, BFH/NV 2003, S. 1025
[178] FG Brandenburg v. 20.8.2002, EFG 2002, S. 1355
[179] Vgl. BFH v. 23.10.1991, BStBl. 1992 II, S. 62

agentur, kommt eine Zurechnung über diese Hilfsperson nicht in Betracht[180]. Ein Verein der Denkmalpflege ist selbst dann noch unmittelbar tätig, wenn er sich auf die Vergabe von Zuschüssen für die Pflege von Objekten[181] beschränkt, ebenso wie eine Stiftung, die sich auf Preisverleihungen beschränkt[182]. Als Hilfsperson kann auch eine andere begünstigte Körperschaft oder eine öffentliche Dienststelle in Betracht kommen.

Zur Verwirklichung gemeinnütziger Zwecke im Ausland können auch natürliche oder juristische Personen eingeschaltet werden, etwa im Rahmen der Völkerverständigung eine im Ausland belegene Foundation[183]. Wegen der erhöhten Beweispflicht empfiehlt sich der Abschluss eines schriftlichen Vertrages, der im Vorhinein[184] die Konditionen klärt, unter denen die Hilfsperson tätig wird. Die entstehenden Abrechnungs- und Buchführungsunterlagen sind im Inland aufzubewahren[185].

Ist die Hilfsperson selbst wegen Verfolgung eigener steuerbegünstigter Zwecke als gemeinnützig anerkannt, stellt die Tätigkeit als Hilfsperson einen wirtschaftlichen Geschäftsbetrieb dar, wenn sie entgeltlich abgewickelt wird. Sie kann daher auch nicht – ggf. neben anderen Zwecken – Satzungszweck sein. Wird die Hilfsbedürftigkeit unentgeltlich erbracht, findet in Höhe der ersparten Aufwendungen ein Mitteltransfer statt, der dann eine Mittelzuwendung i. S. d. § 58 Nr. 2 AO darstellt.

Zu unterscheiden hiervon ist die Übertragung gemeinnütziger Aktivitäten, z. B. durch Ausgliederung auf selbständige juristische Personen, die selbst gemeinnützig sind. Ein Beispiel wäre hier die Krankenhaus – GmbH eines Ordens. Die gesellschaftsrechtliche Verflechtung stellt keine Hilfsperson her, die gemeinnützige Tätigkeit wird nur der ausgegliederten Körperschaft, nicht aber nochmals ihrem Träger zugerechnet, der also zum Erhalt seiner eigenen Gemeinnützigkeit selbst aktiv sein bzw. bleiben muss[186].

Früher war die Abgrenzung der Tätigkeit einer Hilfsperson besonders bei Stiftungen und Fördergesellschaften problematisch, die zwar die Finanzierung begünstigter Aufgaben übernahmen, darüber hinaus aber keinen Einfluss auf deren weitere Abwicklung hatten. Heute wird hier weitgehend auf die Voraussetzung der Unmittelbarkeit verzichtet, denn

---

[180] Vgl FG München v. 7.5.2001, EFG 2001, S. 1178; großzügiger die Revisionsentscheidung BFH v. 18.12.2002, BFH/NV 2003, S. 1025
[181] Vgl. OFD Köln v. 23.2.1984, StEK AO § 52 Nr. 28
[182] Vgl. OFD Hannover v. 25.6.2001, StEK AO § 52 Nr. 142
[183] Vgl. FG Bremen v. 29.10.1998, EFG 1999, S. 526 rkr.
[184] Vgl. OFD Frankfurt v. 11.3.2003, DStZ 2003, S. 320
[185] Vgl. OFD Hannover v. 15.6.2001, StEK AO § 52 Nr. 142; OFD Hannover v. 9.10.2002, DStZ 2003, S. 50
[186] Vgl. Hüttemann, FR 2002, S. 1337; Scherff, DStR 2003, S. 727

nach § 58 Nr. 1 und 2 AO genügt es, dass sie die Mittel einem Empfänger überlassen, der damit die begünstigten Zwecke verfolgt[187], ohne dass dieser dabei als Hilfsperson den Weisungen der Stiftung usw. unterliegt. Es genügt deshalb auch, dass bei einer Stiftung die Beschaffung der Mittel für den begünstigten Zweck als alleiniger Satzungszweck angegeben wird, wie auch die Beschränkung der Tätigkeit auf Geldsammlungen und Zuschussvergaben für fremde Objekte als unmittelbar anerkannt wurde[188].

3.4.4.3 Die Dachverbände

Schließen sich mehrere steuerbegünstigte Körperschaften mit dem Ziel zusammen, einen Dachverband zu gründen, so wird auch dieser Dachverband als den steuerbegünstigten Zwecken unmittelbar dienend angesehen nach § 57 Abs. 2 AO, obwohl er die steuerbegünstigten Zwecke nicht unmittelbar selbst verfolgt, sondern lediglich die Belange der angeschlossenen Vereine vertritt[189].

Zwingende Voraussetzung für die Inanspruchnahme der Steuerbegünstigung beim Dachverband ist, dass alle ihnen angeschlossenen Einrichtungen selbst sämtliche Voraussetzungen für die Anerkennung als steuerbegünstigten Zwecken dienende Körperschaft erfüllen[190]. Ein aus dem Zusammenschluss zweier bereits anerkannter Verbände entstehender neuer Verband bedarf nicht einer erneuten Anerkennung als gemeinnützig[191]. Der rückwirkende Wegfall der Gemeinnützigkeit eines Mitgliedsvereins soll die Anerkennung des Dachverbands unberührt lassen, wenn der Mangel sofort beseitigt wird[192].

Die Anerkennung ist aber dann nicht ausgeschlossen, wenn er neben seiner Tätigkeit für die Belange der angeschlossenen Vereine auch selbst und unmittelbar begünstigte Zwecke verfolgt. In diesem Fall wird die Mitgliedschaft nicht begünstigter Vereine die Gemeinnützigkeit nicht ausschließen, denn auch sonst kann jede natürliche oder juristische Person Mitglied eines gemeinnützigen Vereins sein. Der Dachverband darf dann allerdings ein solches Mitglied nicht mit Mitteln der Körperschaft mit Rat und Tat unterstützen[193]. Das bedeutet aber nicht, dass Aktivitäten eines Dachverbandes, die nach allgemeinen Kriterien

---

[187] Vgl. BFH v. 8.7.1971, BStBl. 1972 II, S. 70
[188] Vgl. OFD Köln v. 23.2.1984, StEK AO § 52 Nr. 28
[189] Vgl. Luger, StWa 1995, S. 161
[190] Vgl. AEAO Nr. 3 S. 2 zu § 57
[191] Vgl. FM Nordrhein – Westfalen v. 9.11.1971, StEK StAnpG § 17 Nr. 21
[192] Vgl. OFD Köln v. 20.6.1980, StEK AO § 57 Nr. 1
[193] Vgl. AEAO Nr. 3 S. 4 zu § 57

wirtschaftlicher Geschäftsbetrieb sind, wie z. B. ein Zentraleinkauf, beim Dachverband begünstigt wären[194].

Ist ein Verein so strukturiert, dass er auch über satzungsmäßig vorgesehene Untergruppierungen tätig wird ohne Dachverband zu sein, verfolgt er seine Satzungszwecke ebenfalls nicht unmittelbar[195], wie allgemein § 57 Abs. 2 AO nicht auf Körperschaften anwendbar ist, die einzelne Tätigkeitsbereiche anderer gemeinnütziger Organisationen zu einer zentralen Bearbeitung zusammenfassen[196]. Damit ist auch die Gemeinnützigkeit einer Körperschaft nicht mehr vom Gesetz in seiner gegenwärtigen Fassung gedeckt, die sich nach Ausgliederung sämtlicher gemeinnütziger Aktivitäten auf die Beteiligungsverwaltung beschränkt. Hier kann die Beibehaltung bzw. der Aufbau eigener wenn auch geringer gemeinnütziger Aktivitäten Abhilfe schaffen[197].

3.4.4.4 Einzelfälle

Wird eine Sportschule eines Sportverbands von einer Körperschaft gewartet und den Lehrgangsteilnehmern Unterkunft und Verpflegung gewährt, dient die Körperschaft mangels eigener Tätigkeit nicht unmittelbar gemeinnützigen Zwecken[198]. Dies wurde damit begründet, dass der unmittelbaren Förderung des Sports nur die Lehrgänge dienten, die vom Sportverband abgehalten wurden, die Tätigkeit der Sportler selbst die Gemeinnützigkeit zwar nicht ausschließen, aber auch nicht begründen kann. Ähnlich liegt es bei der reinen Verpachtungstätigkeit an Betreiber von Alten- und Behindertenwohnheimen[199] und bei sog. Hallenbauvereinen[200]. Sind die Gesellschafter aber öffentliche – rechtliche Körperschaften, die über eine GmbH Maßnahmen der Arbeitsplatzbeschaffung durchführen, soll Unmittelbarkeit gegeben sein[201], nicht dagegen bei einer Krankenhausapotheke[202] und bei der Zentralwäscherei gemeinnütziger Krankenhausträger[203], während die Vermietung seiner Eislaufbahn an Dritte wieder als unmittelbare Sportförderung einem Eissportverein die

---

[194] Vgl. FM Thüringen v. 21.7.1994, StEK AO § 64 Nr. 27; FG Köln v. 22.6.1993, 13 K 1700/91 nv; bestätigt durch BFH v. 15.10.1997, BFH/NV 1998, S. 150
[195] Vgl. FG Niedersachsen v. 8.2.1991, BB 1992, S. 1544 rkr.
[196] Vgl. Vgl. FG Düsseldorf v. 8.5.1991, EFG 1992, S. 99 rkr.
[197] Vgl. AEAO Nr. 3 S. 3 zu § 57
[198] Vgl. BFH v. 25.2.1981, BStBl. 1981 II, S. 478
[199] Vgl. FG Baden – Württemberg v. 31.7.1997, EFG 1997, S. 1341 rkr.
[200] Vgl. BFH v. 25.2.1981, BStBl. 1981 II, S. 478; dazu FM Nordrhein – Westfalen v. 6.8.1990, StEK AO § 52 Nr. 59
[201] Vgl. FG Niedersachsen v. 24.9.1980, EFG 1981, S. 202; Seemann, DB 1991, S. 2359
[202] Vgl. BFH v. 26.4.1990, BStBl. 1991 II, S. 268
[203] Vgl. FG Düsseldorf v. 8.5.1991, EFG 1992, S. 99 rkr.

Gemeinnützigkeit nicht nimmt[204]. Nicht unmittelbar ist ferner bei Forschungsgesellschaften die Unterbringung und Bewirtung von Tagungsteilnehmern[205], die Vermittlung von Tagesmüttern oder Babysittern[206], von Nachbarschaftsvereinen usw., die lediglich Dienstleistungen vermitteln[207], die Tätigkeit eines auf die Verbreitung von sittlichen Werten gerichteten Ordens[208] oder eines Diözesancaritasverbandes[209], die Herausgabe einer mit Werbemittel finanzierten Vereinszeitschrift[210], der Brauereibetrieb eines Klosters[211], der Betrieb eines Regionalflughafens[212], die Projektträgerschaft für gegebenenfalls auch gemeinnützige andere Körperschaften[213], die Tätigkeit eines Erfinderclubs, der nicht selbst forscht[214], die Tätigkeit von Bürgschaftsbanken und Kreditgarantiegemeinschaften[215], die Tätigkeit eines Verbandes für andere z. B. karitative Organisationen[216], eine Gehaltsabrechnungsstelle für andere gemeinnützige Körperschaften[217], die Abwicklung von Blutspenden eines Wohlfahrtsverbandes über eine GmbH, die der Verband nur organisatorisch unterstützt[218], der Zentraleinkauf eines Dachverbandes[219] und die Interessenvertretung von Freizeitvereinen[220].

3.5 Die An- und Aberkennung der Gemeinnützigkeit

3.5.1 Die Anerkennung

Nachdem der Verein die zivilrechtlich notwendigen Schritte die Gemeinnützigkeit zu erlangen, vom Beschluss des Vorstands, bis hin zur Antragstellung der Eintragung der neuen Satzung beim Vereinsregister unternommen hat, kann er beim zuständigen Finanzamt die vorläufige Anerkennung der Gemeinnützigkeit beantragen, wobei kein Anerkennungsverfahren an sich existiert. Das Finanzamt erteilt über die vorläufige Anerkennung der Ge-

---

[204] Vgl. FG Baden – Württemberg v. 30.6.1983, EFG 1984, S. 627 rkr.
[205] Vgl. FG Baden – Württemberg v. 28.9.1972, EFG 1973, S. 133 rkr.
[206] Vgl. OFD Frankfurt v. 9.10.1998, StEK AO § 52 Nr. 115
[207] Vgl. OFD Frankfurt v. 29.5.2000, StEK AO § 52 Nr. 133
[208] Vgl. BFH v. 13.12.1978, BStBl. 1979 II, S. 492
[209] Vgl. RFH v. 29.11.1938, RStBl. 1939, S. 63
[210] Vgl. BFH v. 4.3.1976, BStBl. 1976 II, S. 472
[211] Vgl. RFH v. 23.4.1929, RStBl. 1929, S. 103
[212] Vgl. BFH v. 21.8.1974, BStBl. 1975 II, S. 121
[213] Vgl. BFH v. 30.11.1995, BStBl. 1997 II, S. 189
[214] Vgl. BMF v. 4.2.2000, StEK AO § 52 Nr. 129; OFD Magdeburg v. 21.3.2000, StEK AO § 52 Nr. 132
[215] Vgl. BFH v. 21.10.1999, BStBl. 2000 II, S. 235
[216] Vgl. BFH v. 7.11.1996, BStBl. 1997 II, S. 366
[217] Vgl. FG Baden – Württemberg v. 3.2.1993, EFG 1993, S. 619 rkr.
[218] Vgl. FG Brandenburg v. 17.10.2001, EFG 2002, S. 121 rkr.; OFD Koblenz v. 2.8.1999, StEK UStG § 1 Abs. 1 Ziff. 1 Nr. 206
[219] Vgl. BFH v. 15.10.1997, BFH/NV 1998, S: 150
[220] Vgl. BFH v. 22.10.1971, BStBl. 1972 II, S. 204

meinnützigkeit einen Bescheid, wonach der Verein nun befugt ist, Spenden entgegenzunehmen und Spendenbescheinigungen auszustellen. Nach Ablauf des ersten Kalenderjahres wird durch das Finanzamt die Gemeinnützigkeit endgültig festgestellt. In den Folgejahren tritt an die Stelle der Vorläufigkeitsbescheinigung[221] die Freistellungsbescheinigung. Die Steuerbefreiung für gemeinnützige Körperschaften ist nicht antragsabhängig, sie wird vielmehr von Gesetzes wegen her gewährt. Ein Verzicht auf die Gemeinnützigkeit ist nicht möglich, wenn die Vorraussetzungen der §§ 51 ff. AO erfüllt sind. Die Überprüfung der Gemeinnützigkeit erfolgt jährlich, sofern eine Festsetzung von Umsatz- oder Körperschaftsteuer erfolgt, in allen anderen Fällen wird in einem Dreijahreszeitraum die Gemeinnützigkeit überprüft[222]. Der Freistellungsbescheid ist wie ein Steuerbescheid nach § 155 Abs. 1 AO zu behandeln, was die Anwendung der Vorschriften für Steuerbescheide auch für den Freistellungsbescheid nach sich zieht[223].

3.5.2 Die Aberkennung

Mit einer Ablehnung zur Gemeinnützigkeit geht die Festsetzung der betreffenden Steuern einher, wogegen der Verein aufgrund einer Beschwer gem. § 350 AO Einspruch einlegen kann. Die Gründe der Aberkennung der Gemeinnützigkeit eines Vereins liegen häufig in Verstößen gegen die formelle Satzungsmäßigkeit und die tatsächliche Geschäftsführung. Zu letzterem gehören insbesondere die fehlende Förderung der Allgemeinheit, die vorrangige Verfolgung eigenwirtschaftlicher Zwecke, die Zahlung unangemessen hohen Auslagenersatzes, eine missbräuchliche Spendenbescheinigungspraxis, fehlerhafte Mittelverwendung u.s.w.[224]. Eine Versorgung der Vereinsmitglieder mit Mitteln, welche über den Unterhaltsbedarf hinausgehen, widerspricht dem Grundsatz der Selbstlosigkeit, wobei es irrelevant ist, aus welchem Bereich des Vereins die Mittel stammen. Weitere unzulässige Zuwendungen durch den Verein ergeben sich aus der Übertragung von wirtschaftlichen Vorteilen an ein Mitglied, so z. B. der Gewährung eines Darlehens zu einem besonders günstigen Zinssatz oder der verbilligten Abgabe von Leistungen eines wirtschaftlichen Geschäftsbetriebs an Vereinsmitglieder, wodurch entstehende Verluste durch Vereinsmittel gedeckt werden müssen. Daneben sind allerdings einige Lieferungen und Leistungen an Mitglieder unschädlich zu behandeln. So z. B. angemessene Zahlungen von Ausbildungs-

---

[221] Vgl. BMF - Schreiben v. 15.5.2000, DStR 2000, S. 968
[222] Vgl Wallenhorst, Die Besteuerung gemeinnütziger Vereine und Stiftungen, Rn. 245 ff.; Buchna, Gemeinnützigkeit im Steuerrecht, S. 245 ff
[223] BFH v. 13.11.1996, BStBl. 1998 II, S. 711
[224] Vgl. DATEV e. G., Abrechnung der Vereine, S. 53

kosten bei Spielerwechseln in Sportvereinen, kostenlose Überlassung von Sportgeräten durch einen Verein, angemessene Aufwendungen im Zusammenhang mit erzielten Einnahmen, pauschaler Auslagenersatz für Sportler sowie Zuwendungen von Aufmerksamkeiten an Mitglieder[225]. Gemeinnützigkeitsrechtlich problematisch verhält sich die Vergütung des Vorstands durch pauschale Aufwandsentschädigungen ohne Einzelnachweis. Eine ergänzende Änderung der Satzung hinsichtlich des Grundsatzes der Ehrenamtlichkeit schafft eine gemeinnützigkeitsunbedenkliche Situation, so dass auch eine angemessene Vergütung an den Vorstand gezahlt werden kann. Allerdings sollte dies zumindest ein Protokoll der Mitgliedsversammlung belegen, so dass der Beschluss über die Zahlung bei einer Überprüfung des Vereins nachweisbar ist. Es darf sich allerdings nicht um einen Ehrensold handeln, sondern es muss, wie mit einem vergleichbaren Dritten, ein Lohnkonto geführt werden[226]. Eine Vergütung der Arbeitszeit oder der Arbeitskraft und der daraus resultierenden Opportunitätskosten ist nicht möglich. Währenddessen steht einer angemessenen Entschädigung für Reisekosten, Porto oder Telefonauslagen nichts entgegen[227]. Aktuell sind einige „Skandale" in der Presse zu lesen, welche sich mit der Aberkennung der Gemeinnützigkeit und dem damit verbundenen Verlust der steuerlichen Vergünstigungen beschäftigen. So z. B. die Ende März 2004 von der Umweltorganisation Greenpeace durchgeführte Aktion gegen die Bestellung von Feldern mit Gen-Weizen[228].

4 Schlussbetrachtung

Die Relevanz der Sportvereine zeigt sich aufgrund der Anzahl der gemeinnützigen Vereine. Darüber hinaus werden immer mehr öffentliche und soziale Dienstleistungen, aufgrund zunehmender finanzieller Belastungen und Engpässen der Städte und Gemeinden, auf Vereine abgewälzt. Die steigenden Ansprüche und Erwartungen der Mitglieder an die Vereine stellen in Verbindung mit den beschriebenen unflexiblen Vereinsorganen einen weiteren Multiplikator künftiger Probleme der Vereine dar. Die Ausschaltung, zumindest einen Teil heutiger Vereinsprobleme, kann nur aufgrund der Bewältigung von vorhandener Unwissenheit bzw. Inkompetenz beseitigt werden.

---

[225] Vgl. Wallenhorst, Die Besteuerung gemeinnütziger Vereine und Stiftungen, Rn. C105 ff.; Buchna, Gemeinnützigkeit im Steuerrecht, S. 151 ff.
[226] Vgl. Neufang, Steuern für Vereine 2004, S. 165
[227] Vgl. Sauter, Der eingetragene Verein, Rn. 288
[228] Vgl. o.V., , in: Süddeutsche Zeitung v. 21.04.2004, Greenpeace im Visier, S. 6

Die Gemeinnützigkeit der Vereine wird weiterhin ein aktuelles Thema bleiben, da jeder Verein für sich die Gemeinnützigkeit in Anspruch nehmen will. Man darf Urteile und Entscheidungen der Gerichte in näherer Zeit gespannt sein.

Anhang I: ABC gemeinnütziger Zwecke und Einrichtungen

-**Abfallbeseitigung** – auch **Sonderabfallbeseitigung** – ist nicht gemeinnützig.
-**Abmahnvereine**, die ausschließlich das Abmahngeschäft betreiben, sind nicht gemeinnützig.
-**Aidsvereine**, die den Schutz vor Aids und Geschlechtskrankheiten fördern, können gemeinnützig sein.
-**Alpenverein**: Deutscher Alpenverein fördert gemeinnützige Zwecke.
-**Alten-, Altenwohn-, und Pflegeheime**: Sie sind gem. § 68 Nr. 1 a AO als Zweckbetrieb anzusehen, wenn sie in besonderem Maße den im § 53 AO genannten persönlich oder materiell hilfsbedürftigen Personen dienen.
-**Altherrenvereine** können wegen der Förderung der Geselligkeit nicht als gemeinnützig anerkannt werden.
-**Amateurfunkvereine** sind grundsätzlich gemeinnützig.
-**Anglervereine** sind grundsätzlich wegen Förderung Naturschutzes und der Landschaftspflege als gemeinnützig anerkannt.
-**Aquarien- und Terrarienvereine** fördern gemeinnützige Zwecke.
-**Arbeitsschutz** ist ein gemeinnütziger Zweck
-**Astrologievereine** sind gemeinnützig
-**Atomkraftgegner** können wegen Förderung des Umweltschutzes als gemeinnützig anerkannt werden.
-**Betriebsarztzentren**: regelmäßig nicht gemeinnützig.
-**Blaukreuz – Vereine** werden in der Regel wegen Förderung der Mildtätigkeit steuerbegünstigt.
-**Bootsverleih** ist nicht gemeinnützig.
-**Bridge** ist nicht gemeinnützig.
-**Briefmarkensammlervereine** sind nicht gemeinnützig.
-**Campingplatzvereine** sind nicht gemeinnützig.
-**Carsharing** ist mangels Selbstlosigkeit nicht gemeinnützig.
-**CB – Funk – Vereine** sind gemeinnützig.
-**Dartclubs** können gemeinnützig sein.
-**Design – Zentren** fördern in erster Linie die eigenwirtschaftlichen Interessen der Industrie. Sie können nicht als gemeinnützig anerkannt werden.
-**Dialyse – Vereine**, deren Zweck auf die Betreuung und Versorgung von Dialyse - Patienten gerichtet sind, können grundsätzlich als gemeinnützig anerkannt werden.
-**Drachenflug** mit Modellen ist als gemeinnützig anzuerkennen, wenn sich die Tätigkeit auf die Förderung des Baus der Drachenmodelle erstreckt.
-**Drogenmissbrauch**, die Bekämpfung ist gemeinnützig.
-**Ehe und Familie**, der Schutz ist gemeinnützig.
-**Eheanbahnungsinstitute** sind nicht gemeinnützig.
-**Einkaufsvereinigungen** sind nicht gemeinnützig.
-**Esoterikvereine** sind nicht gemeinnützig.
-**Feuerwehrvereine** sind gemeinnützig.
-**Flugrettungsdienste** sind als gemeinnützig anzuerkennen.
-**Flugsport** ist als gemeinnützig anzuerkennen.
-**Fördervereine**: Bei Vereinen, deren Zweck sich darauf beschränkt, Mittel für die steuerbegünstigten Zwecke einer anderen Körperschaft zu beschaffen, können grundsätzlich gemeinnützig sein.

-**Frauenhäuser**: Im Regelfall werden mildtätige Zwecke verfolgt.
-**Freikörperkultur**: Nach bestehenden Verwaltungsanweisungen steht der Gemeinnützigkeit eines Vereins, der satzungsmäßig und tatsächlich den Sport durch planmäßige Pflege von Leibesübungen fördert, nicht entgegen, dass der Verein neben der Förderung des Sports auch der Pflege der Freikörperkultur dient.
-**Gerechtigkeitskomitees** können wegen politischer Zwecke nicht als gemeinnützig anerkannt werden.
-**Gesangsvereine**: Gemeinnützigkeit kann vorliegen.
-**Golfclubs** können gemeinnützig sein.
-**Heimatvereine** sind gemeinnützig.
-**Homosexuellenvereine** können gemeinnützig sein.
-**Hundesport** ist grundsätzlich gemeinnützig.
-**Internetvereine** können gemeinnützig sein, wenn der Umgang mit dem Internet geschult wird.
-**Jugendheime, Jugendherbergen** sind gemeinnützig.
-**Karnevalsvereine** sind grundsätzlich gemeinnützig.
-**Katastrophenschutz** ist Teil des Zivilschutzes und damit gemeinnützig.
-**Kleingärtnervereine** sind gemeinnützig.
-**Kolpingvereine**: regelmäßig gemeinnützig.
-**Kriminalrävention**: grundsätzlich ist Gemeinnützigkeit gegeben.
-**Mietervereine** sind mangels Selbstlosigkeit nicht gemeinnützig.
-**Modellbau/-flug** ist als gemeinnützig anzuerkennen.
-**Musik- und Spielmannszüge, Orchester**: regelmäßig gemeinnützig.
-**Musikschulen**: regelmäßig gemeinnützig.
-**Obst- und Gartenbauvereine**: Gemeinnützigkeit kann anerkannt werden, wenn die wirtschaftlichen Einzelinteressen der Mitglieder nicht in erster Linie gefördert werden.
-**Paintball** ist nicht gemeinnützig.
-**Pfarrbüchereien** sind regelmäßig gemeinnützig.
-**Pferderennvereine**: Gemeinnützigkeit wird von der Finanzverwaltung bisher regelmäßig anerkannt.
-**Pflanzenzuchtvereine** sind gemeinnützig.
-**Pool – Billard** kann als gemeinnützig anerkannt werden.
-**Regionalflughäfen** sind nicht gemeinnützig.
-**Reit- und Fahrvereine**: Gemeinnützigkeit ist regelmäßig zu bejahen, sofern sie auf die Förderung des Amateursports ausgerichtet sind.
-**Schachklubs** sind gemeinnützig.
-**Scientology – Church** ist nicht gemeinnützig.
-**Segelsport** ist gemeinnützig.
-**Skatklubs** sind nicht gemeinnützig.
-**Skiklubs** sind regelmäßig gemeinnützig
-**Soldatenbund**: Der BFH hat Gemeinnützigkeit verneint.
-**Sportvereine**: Gemeinnützigkeit ist anzuerkennen.
-**Studentenverbindungen**: nicht gemeinnützig.
-**Studentenwerke** sind grundsätzlich wegen Förderung der Studentenhilfe gemeinnützig.
-**Tanzsportvereine**: Gemeinnützigkeit ist anzuerkennen, wenn der Zweck des Vereins darauf gerichtet ist, das Tanzen sportmäßig zu betreiben.
-**Technologie- und Gründerzentren** sind nicht gemeinnützig.
-**Tennisklubs**: Gemeinnützigkeit ist in der Regel anzuerkennen.

- **THW – Helfervereinigungen** sind grundsätzlich wegen Förderung des Zivilschutzes gemeinnützig.
- **Tierschutz** ist gemeinnützig.
- **Tierzucht** ist gemeinnützig.
- **Tischfußball, Tippkick** sind nicht gemeinnützig.
- **Umweltschutz** ist gemeinnützig.
- **Verbraucherschutz** ist gemeinnützig.
- **Verkehrssicherheit** ist gemeinnützig.
- **Versicherungsvereine** sind nicht gemeinnützig.
- **Versorgungs- und Verkehrsbetriebe** sind nicht gemeinnützig.
- **Völkerverständigung** ist gemeinnützig.
- **Volkshochschulen** sind gemeinnützig.
- **Wählergemeinschaften**: nicht gemeinnützig.
- **Waldorfschulen** sind gemeinnützig.
- **Wirtschaftsförderungsgesellschaften** können nicht als gemeinnützig anerkannt werden.
- **Yoga – Psychologie** ist nicht gemeinnützig.
- **Zauberkunst** ist nicht gemeinnützig.

Verwaltungsanweisungen

BMF – Schreiben v. 27.12.1990,	Umsatzsteuerrechtliche Beurteilung der Einschaltung von Unternehmern in die Erfüllung hoheitlicher Aufgaben, BStBl. 1991 I, S. 81
BMF – Schreiben v.14.12.1994,	Vergabe von Darlehen, BStBl. 1995 I, S. 40
BMF – Schreiben v. 19.10.1998,	Ausgleich von Verlusten des steuerpflichtigen wirtschaftlichen Geschäftsbetriebs, BStBl. 1998 I, S. 1423

Rechtsprechungsverzeichnis

Datum	Aktenzeichen	Fundstelle
Reichsfinanzhof		
U. v. 23.4.1929	I-A-a-753/28	RStBl. 1929, S. 346
U. v. 17.7.1930	III-A-6/30	RStBl. 1930, S. 702
U. v. 27.4.1932	III-A-96/32	RStBl. 1932, S. 572
U. v. 24.7.1937	VI-a-A-1/35	RStBl. 1937, S. 1103
U. v. 26.4.1938	VI-a-27/36	RStBl. 1938, S. 582
U. v. 23.7.1938	VI-a-92/37	RStBl. 1938, S. 913
U. v. 29.11.1938	VI-a-45/38	RStBl. 1938, S. 63
U. v. 20.5.1941	I-408/40	RStBl. 1941, S. 506
U. v. 4.7.1942	VI-a-1/42	RStBl. 1942, S. 747
U. v. 28.11.1942	VI-a-28/42	RStBl. 1942, S. 1100
Bundesfinanzhof		
U. v. 22.8.1952	III 256/51 U	BStBl. 1952 III, S. 270
U. v. 24.2.1953	I 33/51 U	BStBl. 1953 III, S. 109
U. v. 16.11.1954	I 114/53 U	BStBl. 1955 III, S. 12
U. v. 2.12.1955	III 99/55 U	BStBl. 1956 III, S. 22
U. v. 31.10.1963	I 320/61 U	BStBl. 1964 III, S. 20
U. v. 2.12.1970	I R 122/68	BStBl. 1971 II, S. 187
U. v. 8.7.1971	V R 1/68	BStBl. 1972 II, S. 70
U. v. 22.10.1971	III R 52/70	BStBl. 1972 II, S. 204

U. v. 4.7.1972	I R 121/71	BStBl. 1973 II, S. 746
U. v. 21.8.1974	I R 81/73	BStBl. 1975 II, S. 121
U. v. 4.3.1976	IV R 189/71	BStBl. 1976 II, S. 472
U. v. 24.11.1976	II R 99/67	BStBl. 1977 II, S. 213
U. v. 13.12.1978	I R 64/77	BStBl. 1979 II, S. 488
U. v. 13.12.1978	I R 39/78	BStBl. 1979 II, S. 482
U. v. 13.12.1978	I R 36/76	BStBl. 1979 II, S. 492
U. v. 20.12.1978	I R 21/76	BStBl. 1979 II, S. 496
U. v. 25.2.1981	II R 110/77	BStBl. 1981 II, S. 478
U. v. 30.9.1981	III R 2/80	BStBl. 1982 II, S. 148
U. v. 21.8.1985	I R 60/80	BStBl. 1986 II, S. 88
U. v. 20.7.1988	I R 244/83	BFH/NV 1989, S. 479
U. v. 23.11.1988	I R 11/88	BStBl. 1989 II, S. 391
U. v. 26.4.1989	I R 209/85	BStBl. 1989 II, S. 670
U. v. 26.4.1990	V R 76/89	BStBl. 1991 II, S. 268
U. v. 28.11.1990	I R 38/86	BFH/NV 1992, S. 90
U. v. 10.4.1991	I R 77/87	BStBl. 1992 II, S. 41
U. v. 23.10.1991	I R 19/91	BStBl. 1992 II, S. 62
U. v. 5.8.1992	X R 165/88	BStBl. 1992 II, S. 1048
U. v. 27.10.1993	XI R 17/93	BStBl. 1994 II, S. 439
U. v. 15.12.1993	X R 115/91	BStBl. 1994 II, S. 314
U. v. 30.11.1995	V R 29/91	BStBl. 1997 II, S. 189
U. v. 24.7.1996	I R 35/94	BStBl. 1996 II, S. 583
U. v. 7.11.1996	V R 34/96	BStBl. 1997 II, S. 366
U. v. 13.11.1996	I R 152/93	BStBl. 1998 II, S. 711
U. v. 13.11.1996	XI R 6/95	BStBl. 1997 II, S. 293

U. v. 3.12.1996	I R 67/95	BStBl. 1997 II, S. 474
U. v. 21.5.1997	I R 38/96	BFH/NV 1997, S. 904
U. v. 13.8.1997	I R 19/96	BStBl. 1997 II, S. 794
U. v. 15.10.1997	II R 94/94	BFH/NV 1998, S. 150
U. v. 21.1.1998	II R 16/95	BStBl. 1998 II, S. 758
U. v. 15.7.1998	I R 156/94	BStBl. 2002 II, S. 162
U. v. 23.9.1998	I B 82/98	BStBl. 2000 II, S. 320
U. v. 11.3.1999	V R 57, 58/96, V R 57/96, V R 58/96	BStBl. 1999 II, S. 331
U. v. 3.9.1999	I B 75/98	BFH/NV 2000, S. 301
U. v. 21.10.1999	I R 25/99	BStBl. 2000 II, S. 283
U. v. 18.12.2002	I R 60/01	BFH/NV 2003, S. 1025
U. v. 4.6.2003	I R 25/02	BFH/NV 2003, S. 1458
U. v. 23.7.2003	I R 41/03	BFH/NV 2004, S. 104

FG Baden - Württemberg

U. v. 28.9.1972	II-132/71	EFG 1973, S. 133
U. v. 30.6.1983	III-369/80	EFG 1984, S. 627
U. v. 3.2.1993	12-K-51/91	EFG 1993, S. 619
U. v. 31.7.1997	3-K-268/93	EFG 1997, S. 1341

FG Berlin

U. v. 1.10.1981	IV-282/80	EFG 1982, S. 372
U. v. 25.6.1985	VIII-182/83	EFG 1985, S. 146
U. v. 15.1.2002	7-K-8618/99	EFG 2002, S. 518

FG Bremen

U. v. 29.10.1998 497162K1 EFG 1999, S. 526

FG Brandenburg

U. v. 17.10.2001 2-K-2766/99 EFG 2002, S. 121

U. v. 20.8.2002 2-K-1046/01 EFG 2002, S. 1355

FG Düsseldorf

U. v. 8.5.1991 7-K-89/86 EFG 1992, S. 99

FG Hamburg

U. v. 8.12.1997 II-98/95 EFG 1998, S. 916

FG Köln

U. v. 22.6.1993 13-K-1700/91 NV

U. v. 19.5.1998 13-K-521/93 EFG 1998, S. 1665

FG München

U. v. 7.5.2001 7-K-815/98 EFG 2001, S. 1178

Niedersächsisches FG

U. v. 24.9.1980 VI-551/78 EFG 1981, S. 202

U. v. 16.6.1983 VI-214/82, VI-215/82, VI-216/82 EFG 1984, S. 84

U. v. 8.2.1991 VI-53/88 BB 1992, S. 1546

Literaturverzeichnis

Albrecht, Helga	Staatslexikon, 8. Band, Frankfurt 1990
Boochs, Wolfgang	Steuerhandbuch für Vereine, Verbände und Stiftungen, 3. Aufl., Neuwied 2001
Buchna, Johannes	Gemeinnützigkeit im Steuerrecht, 8. Aufl., Achim bei Bremen 2003
DATEV e. G. (Hrsg.)	Abrechnung der Vereine, Nürnberg 2002
Franz, Christoph	Grundlagen der Besteuerung gemeinnütziger Körperschaften bei wirtschaftlicher Betätigung, Berlin 1991
Glaneger/Güroff	Kommentar zum Gewerbesteuergesetz, 5. Aufl., München 2002
Hachenburg, Max Ulmer, Peter	Kommentar zum Gesetz betreffend die Gesellschaften mit beschränkter Haftung, 6. Aufl., München 2004
Hübschmann, Walter Hepp, Ernst Spitaler, Armin	AO – Kommentar, 10. Aufl., Köln 1995
Hueck, Götz Windbichler, Christine	Gesellschaftsrecht, 20. Aufl., München 2003
Hüttemann, Rainer	Wirtschaftliche Betätigung und steuerliche Gemeinnützigkeit, 3. Aufl., Köln 1998
Jütting, Dieter Van Bentem, Neil Oshege, Volker	Vereine als sozialer Reichtum, Band 9, Münster 2003
Märkle, Rudi Alber, Matthias	Der Verein im Zivil- und Steuerrecht, 11. Aufl., Stuttgart 2004
Neufang, Bernd	Steuern für Vereine, Planegg 2004
o. V.	Duden – Lexikon, Band 2, Berlin 1983
Reichert, Bernhard	Handbuch des Vereins- und Verbandsrechts, 8. Aufl., Berlin 2001

Rotthege, Georg	Firmen und Vereine, Frankfurt 2001
Sauter/Schweyer/Waldner	Der eingetragene Verein, 17. Aufl., München 2001
Schauhoff, Stephan	Handbuch der Gemeinnützigkeit, München 2000
Schmidt, Karsten	Gesellschaftsrecht, 4. Aufl., Köln 2002
Schmidt, Ludwig	Kommentar zum EStG, 24. Aufl., München 2005
Seifert, Karl – Heinz	Bundeswahlrecht, 3. Aufl., München 1976
Troll/Wallenhorst/Halaczinsky	Die Besteuerung gemeinnütziger Vereine, Stiftungen und der juristischen Personen des öffentlichen Rechts, 5. Aufl, München 2004
Werner, Olaf	Verein, München 2000